Web 3.0 赋能

智能经济与产业应用

孙明高　邝勇军　马薪程◎编著

中国铁道出版社有限公司
CHINA RAILWAY PUBLISHING HOUSE CO., LTD.

图书在版编目(CIP)数据

Web3.0赋能：智能经济与产业应用 / 孙明高，邝勇军，马薪程编著. —北京：中国铁道出版社有限公司，2024.6
ISBN 978-7-113-30909-1

Ⅰ.①W… Ⅱ.①孙… ②邝… ③马… Ⅲ.①信息产业-产业经济-研究 Ⅳ.①F49

中国国家版本馆 CIP 数据核字(2024)第 017887 号

书　名：Web 3.0 赋能:智能经济与产业应用
　　　　Web 3.0 FUNENG:ZHINENG JINGJI YU CHANYE YINGYONG
作　者：孙明高　邝勇军　马薪程

责任编辑：鲍　闻	编辑部电话：(010) 51873005
封面设计：宿　萌	
责任校对：安海燕	
责任印制：赵星辰	

出版发行：中国铁道出版社有限公司（100054，北京市西城区右安门西街8号）
网　　址：http://www.tdpress.com
印　　刷：河北宝昌佳彩印刷有限公司
版　　次：2024年6月第1版　2024年6月第1次印刷
开　　本：710 mm×1 000 mm　1/16　印张：11.5　字数：151千
书　　号：ISBN 978-7-113-30909-1
定　　价：68.00元

版权所有　侵权必究

凡购买铁道版图书，如有印制质量问题，请与本社读者服务部联系调换。电话：(010) 51873174
打击盗版举报电话：(010) 63549461

前　　言

从Web(全球广域网)1.0到Web 3.0,互联网的发展速度超乎我们的想象。作为新一代的价值互联网,Web 3.0在获得前所未有关注的同时,也引发了人们的深思:Web 3.0给我们带来了什么?

Web 3.0给用户带来了自主权。在区块链、NFT(Non-Fungible Token,非同质化通证)等技术的支持下,用户拥有了数字身份、个人数据和算法的所有权。掌握这些所有权,用户可以摆脱隐私被侵犯、数据被泄露等方面的困扰,完全掌握自己的身份信息,更加自由地在互联网世界畅游。

Web 3.0给用户带来了更多便利,推动共享经济的发展。在传统互联网模式下,用户虽然能够享受中心化平台提供的服务,但是创作内容的所有权、收益权由中心化平台掌握。而在Web 3.0世界中,用户作为内容创作者,完全享有作品的收益权和所有权,不再受到中心化平台的控制,而且用户可以参与去中心化平台的治理,进行决策并共享收益。

Web 3.0能够给企业带来更多发展机会。企业纷纷布局,以抢占先机。咖啡品牌星巴克打造了Web 3.0平台Starbucks Odyssey(星巴克奥德赛),并持续发布NFT;TikTok(抖音短视频国际版本)利用NFT打开Web 3.0世界的大门;阿里巴巴打造了鲸探App,为用户提供了多种多样的数字藏品;天下秀不断升级产品,积极研发Web 3.0相关技术;网易深入教育领域,打造智慧教师等。

虽然各个巨头已经抢先入局，但仍有许多用户与企业对Web 3.0缺乏了解，因此，本书将会对Web 3.0进行详细讲解。本书不仅有理论知识，还有一些经典案例，以帮助读者从技术和实战两个方面出发，更加透彻地了解Web 3.0。本书语言流畅，言辞质朴，力求将知识讲解透彻，为读者带来良好的阅读体验。

任何行业都是"第一个吃螃蟹的人"获得的机会和红利更多。Web 3.0正处于急速扩张期，个人或者企业如果能够抓住机会，适时入局，将会获得快速发展。希望读者通过阅读本书，能够对Web 3.0有一定了解，实现自身发展。

作者

2024年1月

目　　录

上篇　Web 3.0 发展态势解析

第 1 章　Web 3.0 演变历程:从 Web 1.0 到 Web 3.0 / 3

1.1　Web 1.0:个人电脑时代的互联网 / 3
　1.1.1　交互方式:只可读,单向传输 / 3
　1.1.2　控制权:归平台所有,内容为王 / 4
　1.1.3　以新浪、搜狐、网易等为代表的门户网站 / 5

1.2　Web 2.0:平台时代的互联网 / 6
　1.2.1　交互方式:既可读,也可写 / 6
　1.2.2　控制权:用户与平台共同拥有 / 7
　1.2.3　以微信、微博、抖音为代表的社交平台 / 7

1.3　Web 3.0:去中心化互联网 / 8
　1.3.1　交互方式:可读、可写、可拥有 / 8
　1.3.2　控制权:归用户所有,共同履行数字契约 / 10

第 2 章　Web 3.0 要点拆解:看懂 Web 3.0 知识地图 / 11

2.1　Web 3.0 三大思考 / 11
　2.1.1　概念:新时代催生的新概念 / 11
　2.1.2　趋势:Web 3.0 会成为下一个风口吗 / 13

2.1.3 构架:Web 3.0 的四层核心架构 / 14
   2.1.4 挑战:技术挑战不可忽视 / 15
 2.2 Web 3.0 价值凸显 / 16
   2.2.1 用户拥有多个方面的自主权 / 16
   2.2.2 用户拥有自己的数据资产 / 18
   2.2.3 打破边界,推动现实世界向数字世界拓展 / 19
 2.3 Web 3.0 实现的法律阻碍 / 21
   2.3.1 权利判定:虚拟数字人是否有人格权 / 21
   2.3.2 资产保护:数字资产如何保护 / 22
   2.3.3 隐私保护:避免用户数据隐私泄露 / 23
   2.3.4 合规之路:Web 3.0 发展任重道远 / 24

第 3 章 Web 3.0 市场概况:多方势力强势入局新蓝海 / 26

 3.1 全球布局:Web 3.0 成为各国发展新方向 / 26
   3.1.1 日本:为 Web 3.0 营造良好发展环境 / 26
   3.1.2 美国:鼓励企业进行科技创新 / 27
   3.1.3 新加坡:Web 3.0 人才与技术基地 / 29
   3.1.4 中国:从细分角度切入 Web 3.0 / 30
 3.2 资本涌入:Web 3.0 受多方青睐 / 31
   3.2.1 Web 3.0 相关项目受资本追捧 / 31
   3.2.2 Web 3.0 为创业提供新机遇 / 33
 3.3 企业探索:抢占 Web 3.0 高地 / 35
   3.3.1 TikTok:以 NFT 项目探索 Web 3.0 市场 / 35
   3.3.2 阿里巴巴:以新产品打开 Web 3.0 大门 / 36
   3.3.3 天下秀:升级产品,以先进技术提升竞争力 / 38

3.3.4 华为:以数字化转型支撑业务持续发展 / 41

第4章 Web 3.0未来图景:重塑互联网生态 / 44

4.1 Web 3.0未来发展根基 / 44

4.1.1 坚持去中心化路线 / 44

4.1.2 构建完善的Web 3.0规则 / 45

4.2 洞见Web 3.0:Web 3.0将带来怎样的未来 / 47

4.2.1 数字人民币成为高安全性数字资产 / 47

4.2.2 算力将会成为新兴技术发展的推动力 / 48

4.2.3 现实与虚拟之间的界限逐渐模糊 / 50

4.2.4 群体智能大幅提高生产力 / 51

中篇 Web 3.0支撑框架拆解

第5章 区块链:为Web 3.0提供底层技术支撑 / 57

5.1 区块链初探 / 57

5.1.1 定义解析:明确什么是区块链 / 57

5.1.2 如何运作:区块链底层机制挖掘 / 59

5.1.3 区块链三大主要思维逻辑 / 60

5.1.4 区块链的工作原理 / 62

5.1.5 区块链的经济激励方式 / 63

5.2 区块链助力Web 3.0 / 64

5.2.1 为Web 3.0提供去中心化运行机制 / 64

5.2.2 智能合约规范Web 3.0交易规则 / 65

5.2.3 DApp:Web 3.0中的应用程序 / 66

第6章 DeFi：重构Web 3.0时代金融服务模式 / 68

6.1 DeFi初探 / 68
6.1.1 DeFi：开放式的去中心化金融 / 68
6.1.2 去中心化金融有何特色 / 70

6.2 DeFi典型应用梳理 / 71
6.2.1 DeFi交易：提高交易效率 / 72
6.2.2 DeFi借贷：实现点对点借贷 / 72
6.2.3 DeFi保险：基于智能合约的保险协议 / 74
6.2.4 稳定币：在去中心化金融中扮演重要角色 / 74
6.2.5 腾讯：反哺三大区块链产品 / 75

6.3 DeFi助力实现普惠金融 / 77

第7章 NFT：助力Web 3.0数字资产确权与价值创造 / 80

7.1 NFT初探 / 80
7.1.1 NFT：具有唯一性的数字权益凭证 / 80
7.1.2 NFT三大协议标准 / 81

7.2 NFT典型应用梳理 / 83
7.2.1 NFT数字藏品：将艺术品上链 / 83
7.2.2 GameFi：NFT成为重要道具 / 85
7.2.3 身份NFT：为虚拟身份提供标识 / 87
7.2.4 NFT通行证助力数字社区搭建 / 87

7.3 NFT与Web 3.0携手共进 / 89
7.3.1 NFT成为Web 3.0发展驱动力 / 89
7.3.2 NFT入局三大路径 / 91

目 录

第 8 章 DAO：为 Web 3.0 组织运作提供规则 / 93

8.1 DAO 初探 / 93

- 8.1.1 DAO：自治的组织协同方式 / 93
- 8.1.2 DAO 的七大应用类型 / 96
- 8.1.3 Aragon：经典的 DAO 创建平台 / 97

8.2 DAO 创建的三个关键点 / 99

- 8.2.1 引起用户共鸣的共同目标 / 99
- 8.2.2 建立完善的决策机制 / 99
- 8.2.3 构建高质量 DAO 社区 / 101

8.3 DAO 实践探索 / 102

- 8.3.1 聚焦四个问题，DAO 提供解决方案 / 102
- 8.3.2 布局 DAO 需遵循的四大原则 / 103
- 8.3.3 SeeDAO：寻求合作，促进 Web 3.0 生态繁荣 / 104

第 9 章 元宇宙：描述 Web 3.0 未来的互联网场景 / 107

9.1 元宇宙初探 / 107

- 9.1.1 四大特征拆解元宇宙 / 107
- 9.1.2 架构基础：多层架构共建生态 / 109
- 9.1.3 The Sandbox：展示元宇宙应用场景 / 111

9.2 Web 3.0 与元宇宙 / 113

- 9.2.1 关系探究：Web 3.0 和元宇宙的关联 / 113
- 9.2.2 创新机遇：Web 3.0 与元宇宙带来丰富机会 / 114

9.3 元宇宙携手 Web 3.0 共建生态 / 115

- 9.3.1 AI 新蓝海开启，发展潜力巨大 / 115
- 9.3.2 收益分配变革，创作者经济爆发 / 117

下篇　Web 3.0 掀起行业变革

第 10 章　Web 3.0＋文娱：推动文娱体验持续迭代 / 121

10.1　Web 3.0 游戏：解锁游戏新玩法 / 121

 10.1.1　多种模式指明 Web 3.0 发展路径 / 121

 10.1.2　应对挑战：Web 3.0 两大难点 / 123

 10.1.3　PlanetGameFi：趣味十足的 Web 3.0 游戏 / 125

10.2　Web 3.0 音乐：让创作者不再"为爱发电" / 127

 10.2.1　收益机制变革，创作者获得更多收益 / 128

 10.2.2　Muverse：打造 Web 3.0 完整生态 / 129

10.3　Web 3.0 视频：科技赋能视频制作技术进步 / 130

 10.3.1　视频上链，实现永久存储 / 131

 10.3.2　视频收益规则改变，方式多样 / 132

 10.3.3　Minds：建立完善的激励措施 / 133

第 11 章　Web 3.0＋营销：变革营销方式与场景 / 135

11.1　Web 3.0 营销三板斧 / 135

 11.1.1　虚拟数字人：探索数字营销新方式 / 135

 11.1.2　数字商品：品牌推出 NFT 成为趋势 / 137

 11.1.3　虚拟场景：营销阵地实现大迁徙 / 138

11.2　Web 3.0 驱动营销迭代 / 140

 11.2.1　PRE-SCIENCE：指导 Web 3.0 营销的法则 / 140

 11.2.2　营销势能爆发，加深品牌与用户的连接 / 142

11.2.3 社群营销变革,成员成果共创、收益共享 / 144

第12章 Web 3.0＋社交:以新身份搭建新社交网络 / 146

12.1 Web 3.0实现社交身份革新 / 146
　　12.1.1 数字身份安全可证 / 146
　　12.1.2 NFT徽章:为社交活动提供凭证 / 148
　　12.1.3 精准用户划分,助力社交 / 149
12.2 Web 3.0:从社交到社群 / 151
　　12.2.1 社交、社区、社群 / 151
　　12.2.2 Web 3.0:社群经济的白马骑士 / 153
　　12.2.3 Web 3.0:价值重塑与新型身份 / 154
　　12.2.4 Web 3.0:超级社群与新型文明 / 156

第13章 Web 3.0＋教育:教学模式智慧化跃进 / 157

13.1 Web 3.0变革教学模式 / 157
　　13.1.1 打破授课场景界限 / 157
　　13.1.2 数字人教师走进课堂 / 160
　　13.1.3 智慧的个性化教学成为现实 / 161
13.2 Web 3.0下的新型教育场景 / 162
　　13.2.1 Web 3.0变革课程教育:多样教学平台 / 163
　　13.2.2 Web 3.0变革企业培训:沉浸式技能学习 / 164
　　13.2.3 Web 3.0变革教学工具:教学内容可视化 / 165
　　13.2.4 MageVR(虚拟现实图像):助力语言学习 / 166
13.3 Web 3.0助力智慧校园建设 / 167

13.3.1　多种技术支持,为智慧校园赋能 / 168

13.3.2　网易:以智能教育模型打造智慧教师 / 169

13.4　多样的 Web 3.0 教育实践 / 170

13.4.1　数字藏品走进高校,展示学校文化 / 170

13.4.2　MiracleNFT 奇迹世界:教育新体验 / 171

上　篇

Web 3.0 发展态势解析

第1章

Web 3.0 演变历程:从 Web 1.0 到 Web 3.0

随着互联网的快速发展,各种网站、平台、App 成为用户了解信息、购物、分享生活的地方,可以说,用户已经无法离开互联网。然而,互联网的发展并不是一蹴而就,而是一个漫长又复杂的过程。经历了从 Web 1.0 到 Web 3.0 的演变历程,互联网能够满足用户的多种需求,为用户提供更多新功能。

1.1　Web 1.0:个人电脑时代的互联网

Web 1.0 是初代互联网,用户只能通过 Web 浏览器在门户网站搜索、浏览,单方面获取信息,无法获得互动体验,因此,Web 1.0 被称为个人电脑时代的互联网。

1.1.1　交互方式:只可读,单向传输

1989 年,欧洲粒子物理研究所一位叫蒂姆·伯纳斯·李(以下简称"蒂姆")的工作人员提出了一份名为《信息管理报告》的 Web 建议书,希望所有用户能够自由访问信息。1990 年,蒂姆与合作伙伴共同实现了基于 Web

的HTTP(hypertext transfer protocol,超文本传输协议)代理和服务器的通信。1991年,蒂姆成功研发出第一个Web服务器与第一个Web客户端软件,世界上第一个网站由此诞生。

Web的出现推动了互联网应用的发展和整个世界信息化的进程。早在Web出现之前,互联网便已经诞生,但没有获得较大的发展,因为用户需要进行一系列复杂的操作才能够上网。同时,不同的计算机具有不同的操作系统与文件结构形式,跨平台的文件传输还没有实现,这对用户的计算机水平是一种考验。

而Web的出现解决了这些问题。Web能够以超文本的形式,将存储于不同网络、不同计算机上的信息连接起来,并通过超文本传输协议实现信息在不同Web服务器之间的传输。Web软件支持形式多样的信息,如音频、视频等。此外,Web框架能够实现互联网的电子邮件、广域信息查询等功能。

Web 1.0阶段以内容展示为核心,信息单向传输,用户只可读,交互性相对较差。

1.1.2 控制权:归平台所有,内容为王

在Web 1.0阶段,内容的控制权归平台所有,用户仅能在静态网站中浏览文本、图像等内容。平台提供什么,用户才能够浏览什么。用户仅是被动地接收信息,而无法进行讨论,缺乏交互性。

但Web 1.0也展现出巨大的价值,即用户发现信息的门槛降低,信息的边界被拓展,由此产生了巨大的商业价值。

在Web 1.0时代,平台想要盈利,就要获得巨大的流量。平台能够获得发展,依靠的是庞大的用户群体与点击量,平台以点击量为基础提供增值服务,以获得更多收益。例如,由于用户的阅读体验和需要的服务都由平台

提供,用户仅能选择浏览或不浏览,有一些内容还需要付费浏览,商家由此获得利润。因此,在这一阶段,内容为王,优质的内容才能够获得用户的青睐。

1.1.3 以新浪、搜狐、网易等为代表的门户网站

门户网站指的是整合互联网信息并为用户提供信息服务的网站。Web 1.0 时代是一个百花齐放的网络时代,以 Netscape(网景)、新浪、搜狐和网易为代表的门户网站抓住了红利期,获得了发展。虽然各个网站使用的手段与方法不同,但它们有一些共同特征。例如,这些门户网站都是将技术创新作为主导模式,依据点击量获得盈利。

在 Web 1.0 时代,许多企业为互联网的进一步发展作出了贡献。例如,Netscape 推出了第一个能够进行大规模商用的浏览器,谷歌为用户提供优质的搜索服务。

在 Web 1.0 时代,门户网站以技术创新为主导模式,信息技术变革对门户网站的发展起到了重要作用。例如,新浪依靠技术发家,从新浪新闻、新浪博客再到新浪微博,新浪与互联网共同成长;搜狐依靠搜索技术发展,打造了国内第一个全中文搜索引擎,获得了许多用户的关注;盛大网络集团依靠游戏发家,成为知名游戏运营商。这些门户网站的崛起都与掌握先进的信息技术有关。

Web 1.0 时代出现了门户网站向着综合门户合流的情况。腾讯、MSN(微软推出的一款即时通信软件)等网站朝着门户网络的方向发展,对新闻信息有着极大的兴趣,这种发展方向使其盈利空间更加广阔、盈利方式更加多元,能够有效拓展主营业务之外的各种服务。

同时,这些门户网站的合流形成了一种清晰的产业结构,即主营业务与兼营业务相结合。例如,新浪在发展新闻业务的时候也积极发展广告业务,

网易向着游戏领域拓展等。各个门户网站都将主营业务作为突破口,同时发展兼营业务,以实现全方位发展。

1.2 Web 2.0:平台时代的互联网

Web 2.0 是对 Web 1.0 的改进,将其交互方式由"可读"变成"既可读,也可写";控制权从平台所有转变为用户与平台共同拥有,增强了互动性与社交性。Web 2.0 时代的代表平台主要有微信、微博、抖音等。

1.2.1 交互方式:既可读,也可写

Web 2.0 的概念在 2004 年提出并逐渐被用户接受。从 Web 1.0 到 Web 2.0,是互联网升级迭代的结果。Web 1.0 以"只读"的形式向用户展现内容,而 Web 2.0 则可以实现交互,用户既可读也可写。在 Web 2.0 时代,用户的身份发生了转变,由内容消费者转变为内容创造者。

Web 2.0 主要具有以下四个特点:

(1)用户可以自主分享内容。在 Web 1.0 时代,互联网上的内容都是由门户网站的工作人员编辑的,用户仅有阅读权限;而在 Web 2.0 时代,用户不仅可以阅读,还可以自己创作内容。用户可以不受时间、地域的限制分享内容,使得网络生态更加丰富,趋于多元化。

(2)Web 2.0 时代更容易实现信息聚合。信息能够在网络上不断积累,并且不会丢失。

(3)以兴趣为聚合点的社群出现。一些对某个话题感兴趣的用户将会

聚集成群体,在无形中催生了细分市场。

(4)平台更加开放,用户更加活跃。对于用户而言,Web 2.0时代的平台更加开放,用户对平台有更高的忠诚度并积极参与平台建设。

总之,在Web 2.0时代,用户由被动接收信息转向主动创造信息,拥有了更多主动权,能够打造一个属于自己的网络世界。

1.2.2 控制权:用户与平台共同拥有

在Web 1.0时代,内容输出完全依靠门户网站,内容的控制权掌握在门户网站手中,用户无法与内容进行良好的交互,无法获得互动体验和社交体验,而Web 2.0则解决了这个弊端。

在Web 2.0时代,平台与用户共同参与内容的生产与输出,平台的内容更加丰富,而且用户能够与平台的其他用户、内容交互。

在这一阶段,平台更偏向于为用户提供一个输出内容的空间,平台创作的内容较少,大部分内容由用户创作。Web 2.0的弊端在于用户话语权较小,用户创作的内容的所有权不属于个人,而是属于平台,平台可以编辑、修改,甚至删除用户创作内容。

用户创作的内容以及内容所产生的价值大部分归平台所有,平台的权力过于集中,使得Web 2.0时代的应用越来越封闭与垄断,用户的大量数据由平台掌握,个人价值被随意榨取,隐私泄露问题频频出现。

1.2.3 以微信、微博、抖音为代表的社交平台

在Web 2.0时代,社交平台蓬勃发展,代表平台有微信、微博、抖音等,这类平台最大的特点是允许用户自主生成内容,并与其他用户进行交互与协作。

微信公众号颇受内容创作者喜爱,其为用户提供了一个内容分享平台,用户可以在微信平台发布多种形式的内容,包括文章、图片、音频等。用户

可以在评论区讨论,创造一个良好的交流空间。微信公众号的推广与运营相对简单,许多用户与企业都入驻了该平台。

微博以分享短文本为主,是一个互动式社交平台。用户可以用微博分享生活、发布信息和进行话题讨论。微博的优势在于获取信息的速度快、内容丰富,用户可以与其他用户进行互动,提高活跃度。

抖音则是一个发展迅猛的短视频平台。用户往往通过抖音记录生活,如分享美食、音乐、趣事等。抖音能够紧跟当下的文化潮流,及时满足用户的需求,因此获得了大量用户的喜爱。

Web 2.0 在发展过程中不断迭代,随着机器学习与算法的不断发展,平台可以对用户的行为进行分析,为不同的用户呈现不同的内容,内容更加个性化、更具针对性。

1.3　Web 3.0:去中心化互联网

与 Web 1.0 和 Web 2.0 相比,Web 3.0 是一次颠覆性的互联网变革。在 Web 3.0 时代,交互方式有了更进一步的发展,用户不仅可读、可写还可拥有,即内容的控制权完全交还给用户。Web 3.0 创造了一个去中心化的互联网,用户拥有更大的自主权。

1.3.1　交互方式:可读、可写、可拥有

在 Web 2.0 时代,用户创作的内容的所有权不归其自身所有,而是归平台所有,这引起了众多用户的不满,用户渴望一个全新的时代来临,而

第1章 Web 3.0演变历程：从Web 1.0到Web 3.0

Web 3.0应运而生。Web 3.0以去中心化的网络为基础架构，借助区块链技术实现"完全去中心化"。用户可以毫无限制地使用、修改和扩展互联网数据，交互方式变成可读、可写和可拥有。

Web 3.0的关键特性主要有五个，如图1-1所示。

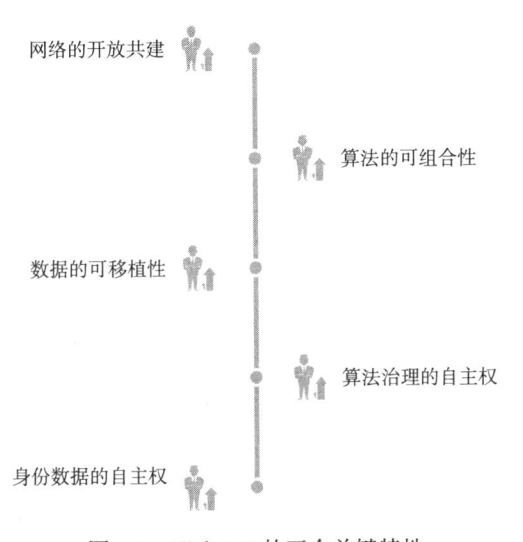

图1-1 Web 3.0的五个关键特性

（1）网络的开放共建。在Web 3.0时代，数字资产能够存储在区块链上，网络实现开放共享。用户可以参与网络基础设施建设，而且所作出的贡献都能够被区块链有效记录。

（2）算法的可组合性。数据、算法、算力之间可以相互组合、融合，以打造更多Web 3.0应用。

（3）数据的可移植性。在Web 3.0时代，用户拥有数据的可携带权，数据可以在应用之间相互迁移。如果用户对某个应用不满意，可以转而使用另一个应用并将自己的数据转移过去。

（4）算法治理的自主权。用户能够参与应用业务功能与发展方向的治理，掌握算法治理的话语权。

(5)身份数据的自主权。在 Web 3.0 时代,用户能够借助密码学对数字身份进行掌控,从而实现隐私保护,有效减少了"大数据杀熟""算法歧视"等乱象。

总之,现在正处于由 Web 2.0 向 Web 3.0 过渡的关键阶段,不久后,用户将会迎来可读、可写、可拥有的全新网络世界。

1.3.2 控制权:归用户所有,共同履行数字契约

Web 3.0 最大的突破在于解决了数据归属问题,实现了"我的数据我做主"。用户创作的数字内容的所有权与控制权都由自己掌握,用户创作内容所获得的价值可以由用户自行决定是否通过数字合同进行价值分配。在签订数字契约后,双方需要共同履行。由此,用户成了互联网内容的创造者与拥有者,创作的内容与所获得的资产都归自己所有。

Web 3.0 能够使数据变得有价值和能确权,更有利于推动数据资产的落地应用。对于用户数据资产落地应用过程中可能出现的安全问题,Web 3.0 也有解决办法。用户可以借助区块链技术将数据登记在链上,这样,用户相当于拥有了一个"数据钱包",能够对数据进行保护。区块链作为 Web 3.0 的底层技术,能够使用户拥有自身数字身份、数据和资产的控制权。

例如,用户发布了一条图文内容,可能会出于各种原因被平台删除或屏蔽,但在 Web 3.0 时代,这样的情况不会发生。基于区块链技术,Web 3.0 网络中的数据具有防篡改的功能,平台没有权对用户的数据进行操作。

总之,Web 3.0 时代的到来,使得用户能够通过区块链捍卫自己的内容所有权,利益分配更加透明、合理。在数字契约的助力下,用户与平台将会获得公平对待,更多的创作者将会涌现。

第 2 章

Web 3.0 要点拆解：看懂 Web 3.0 知识地图

Web 3.0 作为互联网发展的下一阶段，引起了许多用户的关注。下文将会对 Web 3.0 的要点进行拆解，使用户对 Web 3.0 有更加深入的了解，加强用户对 Web 3.0 的研究，使用户能够紧抓时代机遇获得发展。

2.1　Web 3.0 三大思考

想要认识 Web 3.0，用户首先要从 Web 3.0 的概念入手，并对其趋势、构架和面临的挑战进行了解。如今正处于 Web 2.0 向 Web 3.0 过渡的关键时期，用户加强对 Web 3.0 的了解更有助于跟上时代步伐，享受全新互联网时代的红利。

2.1.1　概念：新时代催生的新概念

随着区块链、元宇宙等新技术和新概念的涌现，一个全新的时代已经到来，Web 3.0 这个新概念便应运而生。Web 3.0 作为新时代催生的新概念，能够通过区块链、大数据等技术打造去中心化网络，模拟现实世界，打破虚实边界。

Web 3.0 的核心特征是去中心化、主动性强、多维化,是一个全新的时代。在 Web 3.0 世界中,用户可以为了满足自身的需求进行交互,并在交互过程中利用区块链技术,实现价值创造、分配与流通。整个用户交互、价值流通的过程构成了 Web 3.0 生态。

在 Web 2.0 时代,数据存储在单个数据库中,而 Web 3.0 则致力于构建用户所有、用户共建的去中心化网络生态,使数据在区块链上运行或者实现点对点运行。

Web 3.0 的未来发展,以数字身份认证、数据确权、商业价值归属和去中心化这四个方面为重点。

(1)数字身份认证。在 Web 3.0 时代,用户能够打造一个去中心化的通用数字身份体系,利用钱包地址就可以在各个平台通行,而不必在不同的中心化平台创建不同身份。

(2)数据确权。在 Web 2.0 时代,用户的数据存储在中心化服务器上,被各大平台掌握,数据的安全性受影响,有泄露、被篡改的风险。在 Web 3.0 时代,用户的数据经过密码算法加密后可以存储在分布式账本上,区块链不可篡改的特性可以保证用户数据的确权与价值归属。

(3)商业价值归属。在 Web 2.0 时代,用户的商业价值归属平台,而在 Web 3.0 时代,用户的数据不会被平台占有和使用,这彻底改变了商业逻辑和用户的商业价值归属,打造了一个更加平等的互联网商业环境,打破超级平台的垄断。

(4)去中心化。去中心化指的是用户可以自己拥有、控制互联网的各个部分,而无须通过微博、百度等中介访问互联网的数据。在 Web 3.0 时代,开发者无须使用单个服务器建立、部署应用,也无须在单独的数据库中存储数据,降低了单点故障发生的概率。

未来，Web 3.0将构建一个更加开放、公平、安全的网络世界，虽然距离Web 3.0时代真正到来还有很长的路要走，但Web 3.0已经初现雏形，等待用户深入探索。

2.1.2　趋势：Web 3.0会成为下一个风口吗

作为一种新型的互联网形态，Web 3.0能够将区块链与互联网相结合，为用户提供更加优质的网络体验。Web 3.0已经成为一个热门话题，展现了互联网的未来发展方向，用户对其发展充满期待。

Web 3.0被称为下一代互联网，那么Web 3.0会成为下一个风口吗？

在讨论Web 3.0是否能成为下一个风口之前，需要考虑Web 3.0能否让世界发生颠覆性变革。互联网作为技术工具，给用户的生活带来了便利，互联网与用户的生活、学习、工作密切相关。

最近几年，互联网的发展陷入瓶颈，用户隐私、数据泄露等问题突出，技术成为商业巨头牟利的工具。互联网底层的用户渴望创造一个更加公平的网络世界，并不断推动互联网从第二阶段向第三阶段过渡。互联网的第三阶段可以充分解放生产力、发展创新力，让用户通过全新的技术建立对互联网的信任，而不再受某些互联网巨头的摆布。

万维网建立的初衷是给予用户平等获取信息的权利，倡导自由和开放，然而经过高度商业化的Web 2.0时代，用户正在逐渐失去这些权利。由此，Web 3.0在"让用户能够获得公平，实现网络治理"的共识下诞生。

Web 3.0作为下一代互联网，可以赢得用户信任吗？

这是一个充满争议的话题。用户的角色有生产者、获利者、共创者等，每个用户所处的位置不同，对信任的认知也不同。Web 3.0赢得用户的信任或许指的是由于用户的角色发生转变，从而相信Web 3.0具有真实性、可见性和可触及性。

技术的进步使得互联网从兴趣互联网转变为价值互联网,即所见即所得。区块链技术使得用户可以将自己的贡献记录在分布式账本上,公平分配利益。

互联网的共治依靠技术的发展,例如,印度的插画师可以借助工作量证明获得美国设计公司的报酬。

Web 3.0与各类技术、应用结合衍生的产品能够获得用户的信任,例如,Web 3.0可以与ChatGPT(chat generative pre-trained transformer,生成型预训练变换模型)融合,构建一种全新的网络生态。有朝一日,用户的手机图库可以成为新闻图片站,用户的画作能成为后世传颂的经典,用户仅需电脑便可以通过作品获得收益。Web 3.0有机会将不可能的设想变成现实。

从Web 1.0到Web 3.0,互联网正在朝着去中心化的方向迈进。用户应该给予Web 3.0一份信任,试着去了解、认知与相信这个互联网新世界。在用户高度信任Web 3.0的前提下,Web 3.0将会成为下一个风口。

2.1.3 构架:Web 3.0的四层核心架构

经过一段时间的发展,Web 3.0生态架构已经初见雏形。如果对Web 3.0的生态架构进行划分,可以划分成四层核心架构,分别是区块链网络层、中间件层、应用层和访问层。

(1)区块链网络层。区块链网络层是Web 3.0生态架构的底层,也是基石层,主要由各个区块链网络组成,该层级的区块链网络包括Polygon(多边形建模)、Cosmos(宇宙链)、Celestia(无根链)、Avalanche(雪崩链)等。不同的区块链具有不同的功能,大多数区块链偏向于解决去中心化计算的问题,但这些区块链普遍不支持大数据的存储。而存储型的区块链则专注于解决大数据存储的问题,但这类区块链数量相对较少,主要有

Arweave(永久存储范式)、Storj(存储)和 EthStorage(以太坊存储)等。

(2)中间件层。中间件层位于区块链网络层之上,主要为上层应用提供通用服务和功能,因为提供通用服务和功能的组件被称为"中间件",所以该层被称为中间件层。中间件层提供的服务与功能主要有:安全审计、索引查询、数据的分析与存储、基本的金融服务等。中间件的形式十分多样,不仅有链上协议,还有链下的平台或组织,包括中心化的企业和去中心化的组织。

(3)应用层。应用层是 Web 3.0 生态架构中最重要的一层,拥有许多不同的 DApps(decentralized applications,去中心化应用程序),其中发展得比较好的板块主要有 NFT(non-fungible token,非同质化通证)、DID(decentralized identity,去中心化身份)、DeFi(decentralized finance,去中心化金融)等。

(4)访问层。访问层是 Web 3.0 生态架构的最顶端,也是直接面向终端用户的层级,这一层级包括钱包、浏览器、聚合器等,可以作为 Web 3.0 的入口。此外,一些 Web 2.0 的社交媒体也可以作为 Web 3.0 的入口。

Web 3.0 的四层核心架构共同构成了 Web 3.0 生态系统,兼容 Web 1.0 与 Web 2.0 的区块链技术,使得 Web 3.0 能够平稳运行,并赋予了 Web 3.0 去中心化、开放性、独立性等特点。

2.1.4 挑战:技术挑战不可忽视

与 Web 2.0 相比,Web 3.0 具有多种优势,它能够保护用户的个人隐私,实现用户数据归用户个人所有,但是,这些设想的实现需要强大的技术支持。开发者需要继续努力,将底层基础设施作为入口,搭建 Web 3.0 生态架构。

现阶段的基础设施搭建主要集中于技术端的开发与应用,即使是逐渐发展成熟的区块链技术,开发者在实际应用时仍面临严峻挑战。

(1)区块链技术的体系繁杂,平台众多,技术差异相对较大,开发者很难完全掌握。

(2)依托区块链技术的智能合约配套体系并未完全成熟,缺少一些工具,如开发工具、测试工具、安全审计工具等。

(3)在开发模式和运维模式上,区块链应用和传统应用存在一些差异,开发难度大幅提升。

另外,每一笔交易的完成都伴随大量数据的更新,需要极大的通信量。比特币的交易速度是每秒7笔交易,而支付宝的交易速度最高能达到每秒9万笔。由此可见,在数据中心化、存储量巨大的情况下,数据量越大,交易速度就越慢,因此,区块链处理数据与交易的速度远远低于集中式管理处理数据与交易的速度。区块链的效率问题也是Web 3.0需要解决的技术难点。

2.2 Web 3.0 价值凸显

随着技术的深入发展,Web 3.0的价值凸显,它能够对用户的数据进行保护,用户可以拥有自己的数据资产和数据自主权。Web 3.0能够打破虚实边界,使现实世界和数字世界深度融合。

2.2.1 用户拥有多个方面的自主权

从Web 1.0到Web 2.0,用户从被动浏览平台的内容到成为内容创作者,而在Web 3.0时代,用户不仅能够成为内容生产者,还能够在多个方面拥有自主权,如图2-1所示。

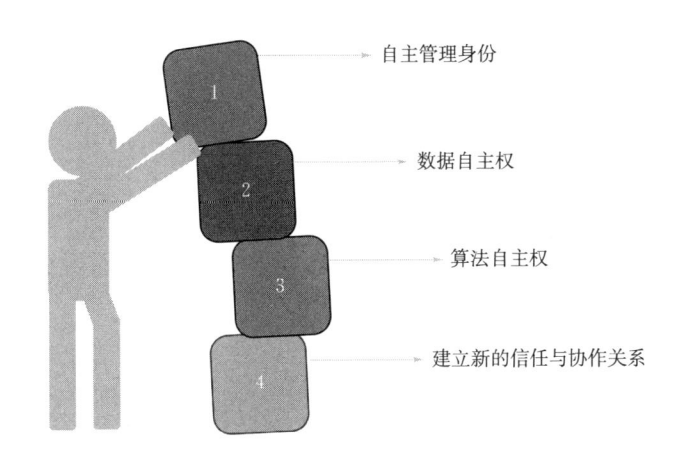

第 2 章　Web 3.0 要点拆解：看懂 Web 3.0 知识地图

图 2-1　Web 3.0 赋予用户更多自主权

1. 自主管理身份

在 Web 2.0 时代，用户可以在不同平台创建不同的数字身份，但是缺乏管理的自主权。数字身份依托互联网平台而存在，一旦平台关闭，用户在其中的数字身份也将不复存在。同时，用户在不同互联网平台的数字身份相互独立，难以实现互通，这给用户管理数字身份带来诸多不便。而在 Web 3.0 时代，区块链技术可以建立一种全新的分布式数字身份管理系统，实现数字身份的去中心化管理。在这种情况下，用户的数字身份不依托某一互联网平台而存在，用户拥有更多的管理自主权。

2. 数据自主权

在 Web 2.0 时代，用户的数据由互联网平台掌控，要想使用平台，用户就必须允许平台访问自身的数据。平台一旦过度采集数据，就会侵犯用户隐私，而平台数据泄露，也会给用户造成很大困扰。在 Web 3.0 时代，区块链技术可以实现用户数据的去中心化存储，用户可以自由决定自身数据与谁共享、作何用途等，在未经用户许可的情况下，其他主体不能访问用户的隐私数据。

3. 算法自主权

在 Web 2.0 时代，算法是互联网平台的核心，是其洞察用户需求、向用户推送个性化内容的制胜法宝，但这也引发了大数据"杀熟"、侵犯用户隐私等问题。而在 Web 3.0 时代，公开、透明的智能合约将赋予用户更多算法自主权。基于代码的透明性，用户能够对可能存在的算法滥用、算法偏见等问题进行检查，以保证算法的合理性。

4. 建立新的信任与协作关系

在 Web 2.0 时代，互联网平台在资源、算法等方面具有优势，其与用户难以形成对等的关系；同时，在双方协作的过程中，缺少一种完善的信任机制。这使得平台难以取得用户的完全信任。而在 Web 3.0 时代，所有的协作、合约都可以基于智能合约实现，一旦触发了特定的条件，智能合约就会自动执行，用户不必担心对方失约、毁约等问题。基于智能合约，用户与互联网平台能够在去信任化的环境中进行友好协作。

总之，在 Web 3.0 时代，用户能够打破平台控制的屏障，拥有更多自主权，获得更加自由的互联网体验。

2.2.2 用户拥有自己的数据资产

Web 1.0 到 Web 3.0 代表了互联网的不同发展阶段。Web 1.0 是静态互联网，主要载体是门户网站，用户可以访问网站，浏览数字内容，但由于内容只读不写，因此用户无法参与内容创造。

为了满足用户的交互需求，Web 2.0 诞生了。Web 2.0 被称作交互式互联网，主要载体是社交网络与电商。在 Web 2.0 时代，社交网络平台起到基础设施的作用，用户在这些平台上进行内容创作。

虽然 Web 2.0 能够使用户自由进行内容创作，但是用户创作内容时必须依赖某个平台。平台在为用户提供渠道的同时，拥有用户的所有数据，而作为真正创作者的用户却无法享有内容创作带来的权益。

部分用户开始思考,为什么属于自己的交易记录与聊天数据平台也能拥有,由此,Web 3.0 的概念被提出。Web 3.0 开启了一个全新的网络时代,用户拥有自己所创作内容的所有权与控制权,用户进行内容创作所产生的价值也可以自行分配。

在这种情况下,数字内容由简单的数据转变为用户的数据资产。Web 3.0 开启了一场数字资产革命,使得用户能够摆脱平台垄断,拿回自己的数据所有权、收益权。

此外,NFT 也能够确认用户的数据资产所有权。NFT 是依托区块链技术而产生的,具有唯一性,能够确认数据资产的归属权。

交易市场中以中心化的数字内容传播平台为主,用户在平台购买数字作品,由平台进行作品的确权。平台往往会先购买数字作品的版权,再对外售卖数字作品。在这种情况下,用户购买的是对数字作品一定时间内的欣赏权,因此,用户不能拥有数字作品,即没有获取数字内容的所有权。

而 NFT 能够通过数字签名、数字账本等技术,明确数据资产的所有权,保证所有权的安全性。总之,去中心化的 NFT 能够实现数据资产的确权,保护用户的数据资产所有权。

虽然 Web 3.0 仍处于发展阶段,距离进入用户的日常生活还相对遥远,但是 Web 3.0 能够带来的美好场景,值得每位用户憧憬。

2.2.3 打破边界,推动现实世界向数字世界拓展

云计算、大数据、区块链等高新技术为 Web 3.0 的出现创造了条件,而 Web 3.0 借助这些技术能够为用户模拟现实世界。随着 Web 3.0 的发展,其能打破虚实边界,推动现实世界向数字世界拓展,为用户打开数字世界的大门。

Web 3.0 数字世界的构建离不开四种元素,如图 2-2 所示。

```
1  基础设施:物联网          2  虚拟与现实交互的技术:
                                VR、AR

3  形象支持:虚拟数字人      4  内容生产:人工智能、
                                数字孪生
```

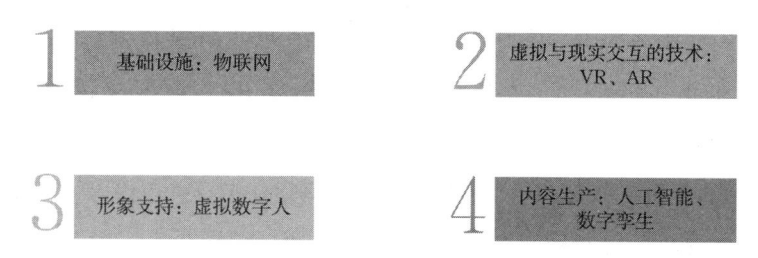

图 2-2　Web 3.0 数字世界的构成元素

1. 基础设施:物联网

在 Web 3.0 中构建数字世界必然需要物联网来承载。物联网是实现万物互联的网络。例如,家庭中冰箱、空调、电视等电器的联网,都是物联网的功劳。IPv6(internet protocol version 6,互联网协议第 6 版)为万物互联提供足够的 IP 地址,但是其规模化部署才刚刚开始,距离真正实现还有很长的路要走。

2. 虚拟与现实交互的技术:VR、AR

VR(virtual reality,虚拟现实技术)能够为用户提供沉浸式体验;AR (augmented reality,增强现实)能够在 VR 的基础上,将虚拟事物投射到现实中。这些虚拟技术为用户带来了更加新颖的交互方式和更加沉浸的交互体验,同时,也为 Web 3.0 时代现实世界与数字世界的融合提供了设备支持。

3. 形象支持:虚拟数字人

在 Web 3.0 时代,虚拟数字人技术得到发展。用户能够通过虚拟数字人平台制作符合自己喜好的虚拟数字人,将其作为自己的虚拟化身,进入 Web 3.0 世界进行沉浸式探索。

我国的虚拟数字人市场处于前期发展阶段,相关资料显示,预计到 2030 年,我国虚拟数字人市场规模将达到 2 700 亿元。

4. 内容生产:人工智能、数字孪生

未来,Web 3.0 的数字世界将出现海量内容,大部分内容由人工智能创造。人工智能可以自动生成大量不重复的内容,推进数字世界的建设;可以对海量内容进行逐一审查,保证数字世界安全运行。

数字孪生指的是利用数字技术将现实世界的实体在数字世界还原,强调数字世界与现实世界的一致性。借助数字孪生技术,数字世界可以生成与现实世界一模一样的地图,用户在数字世界可以获得和现实生活一样的体验。

作为下一代互联网,Web 3.0 所构建的数字世界能够给用户带来沉浸感。数字世界能够跨越地域的限制,随时随地为用户带来感官上的娱乐体验。未来,现实世界与数字世界将逐渐融合,用户可以在数字世界获得更多体验。

2.3　Web 3.0 实现的法律阻碍

虽然 Web 3.0 的美好蓝图十分值得向往,但如今 Web 3.0 仍是一个还在发展的小众领域,没有进行大规模的推广。Web 3.0 的发展既面临技术方面的阻碍,也面临法律方面的阻碍,包括虚拟数字人是否侵害用户的人格权、数字资产如何得到保护和用户如何避免隐私数据泄露等问题。只有将这些问题进行合规化处理,Web 3.0 的发展之路才能更加顺畅。

2.3.1　权利判定:虚拟数字人是否有人格权

虚拟数字人是一种利用先进技术创造的与人类形象接近的数字化形象,是人工智能技术发展到一定阶段的产物,能够以亲近的形象拉近与用户的距离,打造与用户情感交流的桥梁。虚拟数字人是一种新兴的产物,引发了虚拟数字人是否具有人格权,以及如何保障虚拟数字人所对应的真实用户的人格权等问题。Web 3.0时代各个参与主体都需要重点关注这些问题。

例如,2022年曾出现一起虚拟数字人侵害人格权的事件。事件中的被告开发了一个记账软件,该软件具有AI(artificial intelligence,人工智能)陪伴的功能。在这个软件中,用户可以使用公众人物的姓名、外形打造自己的AI角色,并设定与AI角色的关系,与AI角色进行互动,从而模仿与公众人物的真实互动。经庭审判决,被告开发的这一功能,侵犯了公众人物的姓名权、肖像权和人格权。因此,企业在打造虚拟数字人时,应该符合法律的有关规定,并获得相关方的授权。

在Web 3.0时代,虚拟数字人所引发的主体责任与人格利益问题是一个值得关注的重点问题,因为这与我们自身的利益息息相关。随着虚拟数字人的进一步发展,相关法律法规将会进一步完善。

2.3.2 资产保护:数字资产如何保护

在Web 3.0时代,数字资产的应用变得越发普遍,引发了许多关于数字资产的纠纷,这些纠纷中,最重要的是虚拟财产监管及权利认定问题。

部分虚拟货币具有商品属性,但是虚拟货币与法定货币的法律地位不是等同的,与虚拟货币有关的业务活动在我国被认定为非法金融活动。

非法金融活动包括开展法定货币与虚拟货币之间的兑换服务、交易虚拟货币、提供虚拟货币定价服务等,该类活动被法律严格禁止。2021年9月24日,中国人民银行等十部门联合发布《关于进一步防范和处置虚拟货币交易炒作风险的通知》,根据通知,相关部门将对虚拟货币进行整治。

NFT代表具有非同质化特征的数字资产,与虚拟货币有相当大的区别。2022年4月,中国互联网金融协会、中国银行业协会和中国证券业协会共同发布《关于防范NFT相关金融风险的倡议》,倡议提出NFT应当实现"三去",分别是去金融化、去证券化和去虚拟货币化。NFT的运营主体与参与主体必须合规发行NFT,防止触碰炒作虚拟货币的法律红线。

NFT作为一种虚拟财产,无法完成实体交付,也无法通过国家公信力的方式进行登记交付,其所代表的数字资产也不是原生于链上,而是存在于链外的物理形式或数字形式。NFT的这种特性使得其需要考虑交付时的法律风险以及资产原始确权时的知识产权问题。

加密货币的"加密"指的是运用加密算法与加密技术保证网络运行的安全。在虚拟货币被严格监管的情况下,加密货币也面临同样的困境。加密货币的随意使用可能对金融系统的稳定性造成冲击,从而引发危机,投资者与消费者的权益可能也会受到影响。加密货币还可能成为洗钱工具。

同时,数字世界的财产权也会受到影响,这个由用户创造内容的体系,有许多亟待解决的问题,例如,如何定义内容的财产权、如何限制他人使用自己的财产、在出现争议时如何使用相应的规则等。

2.3.3 隐私保护:避免用户数据隐私泄露

在互联网中,用户十分关注个人的数据隐私问题。数字化的不断推进使得用户的数据隐私越来越容易获取,许多地方出台了一些政策对用户的数据隐私进行保护。为了解决企业关于数据收集、处理和存储等方面的问题,国家陆续出台了《中华人民共和国网络安全法》《中华人民共和国个人信息保护法》等法律。在这些法律的支持下,互联网平台将对个人数据进行实时更新,并会及时删除侵犯个人隐私的信息。

但在Web 3.0时代,以上规则可能并不成立。去中心化意味着一旦数据产生便不能轻易地删除或更改。虽然分布式账本和区块链的加密验证能够为数据安全保驾护航，但是这种技术的实现以牺牲数据更正权和删除权为代价。如果保留数据的更正权与删除权，那么数据存储、更新以及效率的提升又会是一大考验。

此外，在Web 3.0时代，虽然用户的隐私能够得到保障，但是如果用户想要实现数据联通与确权，并获得收益，就需要主动公开数据，并为它定价，使数据产生收益，但这种行为又会产生许多问题。例如，用户如何实现公开数据与保护数据隐私之间的平衡？用户数据的价值该如何定义？种种问题都需要相关技术的进一步发展才能够得到解决。

2.3.4　合规之路：Web 3.0发展任重道远

Web 3.0的发展之路要想更加顺畅，就需要各个方面符合发展规范。具体来说，Web 3.0要在三个方面，实现合规发展，如图2-3所示。

图2-3　Web 3.0合规发展的解决方案

1. 保护数据安全

Web 3.0时代以数据价值为中心构建新世界，因此数据是否合法合规成为一个重要问题。在这方面，我国相继出台了多部法律法规，如《中华人民共和国数据安全法》《中华人民共和国个人信息保护法》，以及多项国家标准文件，如《信息安全技术 个人信息安全规范》，对硬件厂商的数据安全保护义务提出了综合性要求。

2. 完善Web 3.0基础设施

Web 3.0的发展离不开多种先进技术的支持，以达到用户与平台共建共享的效果，保障互联网经济的组织形式与商业模式的重构。

目前，Web 3.0 的相关技术与基础设施并不完善，但这对于 Web 3.0 的发展来说不是一件坏事，因为尚未完善意味着可以更加方便、快捷地建立通用标准。同时，政府可以为通用标准的制定提供支持，建设高效安全、运行平稳的数据基础设施。

3. 建立明确的监管规则

Web 3.0 作为新兴的发展领域，应该有明确且利于其发展的监管规则：一方面，监管规则要坚持维护我国数字主权的原则，将用户作为切入点，将智能合约作为监管的重点，避免分布式网络为非法交易保驾护航；另一方面，充分利用市场经济原则，调动用户作为市场主体的参与热情，促进 Web 3.0 的发展。

建立明确的监管规则需要有关部门结合我国数字经济的发展现状，出台公平、合理、规范的数字税收政策，规范 Web 3.0 时代的数字交易，保持经济领域创新与安全的平衡。

Web 3.0 作为互联网发展的下一阶段，具有十分重要的使命，而法律的滞后性导致其存在很多漏洞。相关方应加快建立明确的监管规则，推动 Web 3.0 朝着合法合规的方向发展。

第3章

Web 3.0市场概况：多方势力强势入局新蓝海

Web 3.0的火爆不仅吸引了用户的注意，还引得许多投资商纷纷入局。一些国家、企业、资本涌入Web 3.0市场，希望获得时代发展红利。

3.1 全球布局：Web 3.0成为各国发展新方向

Web 3.0是各国高度关注与重视的发展方向，是科技创新的前沿领域，各国都在Web 3.0领域积极发力，不断探索。日本积极为Web 3.0的发展营造良好的环境；美国则鼓励企业进行科技创新；新加坡致力于打造Web 3.0人才与技术基地；中国则从细分角度切入Web 3.0，期望获得更多发展。

3.1.1 日本：为Web 3.0营造良好发展环境

日本相关方认为，Web 3.0时代的到来能够有效改善传统互联网的框架，Web 3.0将成为日本经济增长的引擎。为了迎接Web 3.0时代，日本重点关注元宇宙与NFT数字项目，并开展了许多实际行动，为Web 3.0营造良好的发展环境。

日本曾经对加密货币的线上交易进行严格规定,导致部分日本本土企业"外逃"。如今,日本选择加大开放力度,与全球知名的加密货币交易所FTX展开合作,在日本推出FTX Japan(future exchange Japan,日本数字资产衍生交易所),这也释放出日本欢迎全球加密货币交易所在日本进行商业化活动的信号。截至2022年6月,日本已经拥有超过30家加密货币交易所。

2022年6月3日,日本颁布了世界上第一部稳定币法案——《资金决算法案修订案》。在这部法案内,稳定币被定义为加密货币,注册过户机构、信托公司、持牌银行能够发行加密货币。稳定币是Web 3.0发展中的关键一环,可以与日元挂钩,用来购买各种代币。加密货币的市场十分混乱,为了改善加密货币的市场环境,日本计划修订相应的法律条文,以没收用于洗钱的加密资产,达到防控风险的目的。

在投资方面,业内人士认为日本大力推广Web 3.0的新生事物DAO(decentralized autonomous organization,去中心化自治组织)与NFT的行为,能够拉动全球资本对于Web 3.0公司的投资,部分企业因此成立了Web 3.0风险投资部门。

日本对Web 3.0生态中的NFT与数字世界比较关注。日本在文化方面具有较大影响力,将游戏、动画、动漫等产业与NFT结合,能够充分挖掘NFT的价值,为Web 3.0的实现提供底层支持。在一些资料中,NFT被认为是Web 3.0的经济引爆器,对Web 3.0的发展具有推动作用。

日本在Web 3.0领域的努力,是为了抢占发展制高点,但是Web 3.0是一个长期赛道,日本能否获得成功,与政策、资本是否支持息息相关。

3.1.2　美国:鼓励企业进行科技创新

随着Web 3.0的浪潮席卷全球,许多人开始意识到,这场革命将会开启一个全新的互联网时代。为了抢占先机、赢得红利,许多国家根据自身的情况制定了许多政策,Web 3.0革命由此变成了一场国家之间的技术博弈。

在Web 3.0的市场竞争中,最值得关注的国家无疑是美国,这主要有两个原因:一是美国拥有丰富的Web 3.0项目实践经验。根据数据平台CB Insights(chubby brain insights,胖大脑)的统计,2022年全球第一季度的区块链融资中,有63%的融资活动发生在美国;同时,美国聚集了全球超过半数的Web 3.0创业公司与投资人。二是美国遇到的Web 3.0方面的问题相对较多,拥有许多经典案例,例如,数字资产的定位问题、DAO的税收义务、稳定币的监管问题等。

美国也给予了Web 3.0许多关注。美国金融服务委员会曾经举办了一场以"数字资产和金融的未来:了解美国金融创新的挑战和利益"为题的听证会。在这场听证会中,在场的观众了解了Web 3.0对于美国的战略意义,并达成了"Web 3.0革命需要发生在美国"的想法,致力于让美国成为Web 3.0的创新中心。

此后,美国陆续出台了一系列政策以解决Web 3.0发展中的问题:颁布了一项法令,促进数字资产的平稳发展;提出了负责人金融创新法案,解决了Web 3.0监管中遇到的问题,为数字资产的发展建立了完整的监管框架,有利于促进行业合法合规发展;将纽约打造成加密货币与其他金融创新的中心。

此外,美国还鼓励企业进行科技创新,并采取了多种措施,包括政策引导、税收优惠、拓宽企业的融资渠道等。对于谷歌、微软、亚马逊等知名企业,美国相关机构会对其科技研发、政策制定等方面提出重要建议,促进这些企业的发展。

美国作为在Web 3.0领域发展较快的国家,在联邦与州层面陆续出台了相关政策,这表明美国将Web 3.0作为新时代竞争的重要争夺点。

3.1.3　新加坡：Web 3.0 人才与技术基地

在各国积极主动寻求发展的同时，新加坡另辟蹊径，利用自身的政策优势打造 Web 3.0 人才与技术基地。Coinbase（美国加密货币交易所）、FTX（future exchange，期货交易所）、a16z 等头部企业纷纷在新加坡设立研发中心或区域中心，抖音与一些中国创新企业也将新加坡作为其全球化发展的起点，甚至来自全球的互联网从业者纷纷来到新加坡，开始 Web 3.0 的创业之路。

新加坡的魅力在哪里？新加坡经济协会副主席、新加坡新跃社科大学教授李国权结合 Web 3.0 发展现状与新加坡 Web 3.0 的发展经验给出了答案。李国权表示，新加坡的国土面积较小，因此，在金融与科技创新方面，保持了十分开放的态度，真诚地欢迎来自世界各地的人才、技术与资金，并会在未来坚持这样的发展策略绝不动摇。

为了鼓励更多金融科技企业进行技术创新，新加坡颁布了"监管沙盒"政策。许多现行法律架构无法容纳或暂时无法满足监管单位合规要求的金融创新活动，可以在新加坡进行试验，因此，许多具有创新能力的企业都将总部搬到新加坡。

新加坡的 Web 3.0 之所以发展火热，主要有两方面原因：一方面，新加坡的学校、专业机构培养了许多 Web 3.0 领域的人才；另一方面，按照新加坡的政策，企业在新加坡获得 Web 3.0 相关金融牌照之前，也可以开展业务。因此，尽管一些企业没有获得金融牌照，但是不影响 Web 3.0 相关业务的开展。

除此之外，新加坡拥有各个领域的专业人士，不仅有审查员、项目经理、审计人员、律师，还有许多在各行各业有所成就的高层人士。在新加坡成立公司的条件之一是有一个新加坡人或永久居民作为董事，有了这些专业人士的帮助，即便技术人才初来新加坡，也不会感到茫然，而且获得创业所需要的市场信息、政策与监管信息的成本较低。

新加坡在Web 3.0发展初期吸引了许多需要金融牌照的企业入驻,随着Web 3.0的发展,许多新业务不需要牌照,但是Web 3.0领域的创业公司仍陆续入驻新加坡,这是因为新加坡为它们提供了友善的创业环境、宽松的创业政策与完善的监管机制。

3.1.4 中国:从细分角度切入Web 3.0

从整体来看,各国都在积极拥抱Web 3.0,以多种方式探索Web 3.0,中国也不例外,中国各大互联网企业纷纷从细分领域切入Web 3.0,以抢占发展先机。

2022年,腾讯首次在海外进行了Web 3.0领域的投资,帮助澳大利亚NFT游戏公司Immutable Games完成2亿美元融资,游戏成为腾讯在海外布局Web 3.0的切入点。

字节跳动选择了NFT作为在海外布局Web 3.0的切入点,不仅在其海外短视频社交平台TikTok上推出了首个NFT系列——TikTok Top Moments(高光时刻),还在《纽约时报》进行整版广告宣传,表明将用NFT作为内容创作奖励。

作为一个典型的UGC(user generated content,用户生成内容)平台,TikTok利用NFT进行激励,充分激发用户创作的积极性,以产出更多优秀的内容。TikTok将平台上受欢迎的创作者记录下来,并邀请许多知名NFT艺术家进行合作。

目前市场竞争十分激烈,互联网的每一次进步,都会毫不留情地淘汰一批企业。与其说互联网巨头在布局Web 3.0,不如说是在延续Web 2.0的博弈态势。

对于Web 3.0在国内的发展,有教授指出,许多互联网平台在海外布局Web 3.0,可以等到时机成熟时,将国外较为成功的Web 3.0案例引入自贸区,或者先在沙盒中运行。

从目前来看,我国企业更关注如何利用Web 3.0实现数字化转型,推动经济发展。未来,我国的Web 3.0将面临两个挑战:一是从国际层面来看,许多国家都在积极构建自主性的Web 3.0产业体系并制定不同的监管措施,我国的Web 3.0与国际Web 3.0发展接轨有一定难度;二是从国内层面来看,Web 3.0的去中心化特征将会带来新的治理和监管难题,对现存的治理体系造成冲击,如何确定新的监管边界将成为制约Web 3.0发展的重要因素。

3.2 资本涌入:Web 3.0受多方青睐

如今,Web 2.0的发展已经接近极限,资本需要开辟全新的利益增长点。而随着技术的迭代,Web 3.0成为一条新赛道,资本纷纷涌入,Web 3.0相关项目受到资本的追捧。Web 3.0为创业者提供了创业方向,助力创业者实现创业梦想。

3.2.1 Web 3.0相关项目受资本追捧

近几年,许多Web 3.0应用涌现,发展十分迅速。大量资本和大量人才的涌入为Web 3.0的发展奠定了基础,许多实力雄厚的风投机构也纷纷押宝Web 3.0,渴望获得高额的回报,其中,较为著名的是顶级风投机构红杉资本和a16z。

红杉资本十分看好Web 3.0项目,曾经为它打破传统的10年投资周期的限制,建立常青藤基金进行转型,这意味着红杉资本能够忽略10年投资期限,持续为Web 3.0项目投资。

此外,红杉资本曾经上线一个规模为6亿美元的基金,专门用于投资Web 3.0领域的创新企业。红杉资本先后领投了Web 3.0电子协议平台EthSign的种子轮融资、专注于打造Web 3.0隐私系统的Espresso Systems的融资、区块链公司Polygon的融资等。

红杉资本投资的大部分Web 3.0项目都来自社交媒体,其投资人会在社交媒体上持续关注Web 3.0创业者,并对他们进行投资。

另一家著名投资机构a16z也十分关注Web 3.0项目,其总共管理了192亿美元资金,曾经为Web 3.0相关项目推出3只基金,总金额高达30亿美元。2022年5月,a16z宣布推出第4只加密基金,总金额为45亿美元。a16z计划将其中的15亿美元用于投资Web 3.0领域初创企业的种子轮,以获得高额回报,投资方向主要有加密支付方式、DeFi等。a16z计划将剩余的30亿美元用于风险投资。

a16z的创始人曾经说过,a16z的投资跨度从2.5万美元至数亿美元,这保证了a16z能够以天使投资人的身份进入小规模的Web 3.0项目。例如,a16z曾经领投加密货币交易所Coinbase,并先后进行了8轮投资。2021年,Coinbase在纳斯达克上市,市值飙升,而a16z作为其第二大股东,获得了巨额利润,成为其投资Web 3.0项目的最成功案例。

还有许多美元风险投资选择Web 3.0领域。例如,关注游戏领域的风险投资公司Griffin Gaming Partners、大型创投公司贝恩资本都成立了专项基金,以支持Web 3.0的建设;风投机构Haun Ventures将大额风投基金用于投资Web 3.0技术堆栈的每一层;硅谷著名的风投机构Accel Partners投资了备份软件厂商等。

3.2.2 Web 3.0 为创业提供新机遇

Web 3.0 为创业者带来了全新的机会，许多创业者涌入 Web 3.0 赛道，试图抓住 Web 3.0 的风口，提升自身的竞争力，实现可持续发展。以下是四家典型的 Web 3.0 创业公司，如图 3-1 所示。

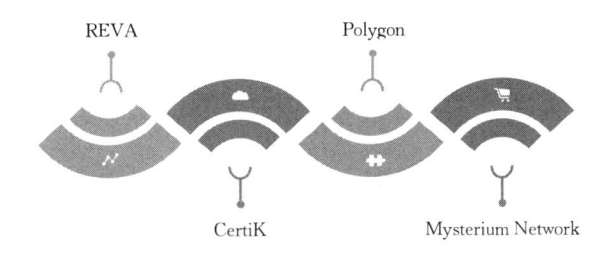

图 3-1 四家典型的 Web 3.0 创业公司

1. REVA

REVA（雷瓦）是一家区块链技术研发公司，成立于硅谷，致力于打造 NFT 数字艺术收藏服务平台，主要开展业务组织、价值评估、组织拍卖等业务，从中收取一定的交易手续费。REVA 凭借精湛的技术获得了资本的青睐，先后获得了贝恩资本与维京资本的投资，获得了快速发展。

2. CertiK

CertiK 是一家创业公司，致力于提供智能合同及区块链生态安全服务，其创始人主要来自耶鲁大学与哥伦比亚大学。

CertiK 专注于区块链安全问题，核心产品是 CertiKOS 防黑客操作系统。虽然区块链安全对技术的要求很高，探索起来相对困难，但区块链技术是 Web 3.0 时代必备的基础设施，具有广阔的发展前景。区块链安全作为区块链的基础设计，决定了用户能否安心地探索 Web 3.0。

CertiK 的核心产品主要应用于去中心化金融领域，它能够实时审核智能合约，如果发现存在漏洞，就会及时更新区块链安全协议，还会主动识别可疑交易，为用户的资产安全保驾护航。

CertiK的发展十分迅速，仅4年，CertiK的员工人数增长了4倍，为超过1 800家客户提供了安全服务。同时，CertiK拥有庞大的客户群体，包括Binance、Terra、NEO、ICON等知名企业，共同参与区块链的安全建设活动。CertiK成立两个月便完成了350万美元种子轮融资，从2020年6月到2022年6月，进行了5轮融资，市值达到20亿美元。

3. Polygon

Polygon是一家著名的加密货币创业公司，以以太坊扩展平台而出名。Polygon生态系统首批产品是Polygon网络，其实质上是一种权益证明侧链。Polygon网络将以太坊的扩展作为主要任务，与以太坊相比，其交易效率得到了极大的提升，而交易成本却大幅降低。

此外，Polygon还部署了较为热门的去中心化金融DeFi，如Aave（去中心化的借贷系统）、1INCH（链上聚合交易所）、Curve（分布式存储系统）等。自成立以来，Polygon的交易总数不断增加，成功把握了Web 3.0时代的创业新机遇。

4. Mysterium Network（密链）

Mysterium Network是一家瑞士Web 3.0初创公司，致力于建立一个分散式P2P（peer to peer，个人对个人）密链网络，初衷是与那些用技术窥探用户隐私、窃取用户数据的公司和实体作斗争。P2P密链网络能够为用户提供分布式和开放式的安全网络访问服务，同时，用户可以借助该网络出售自己的备用带宽来赚取加密货币。为了提升网络的扩展性，P2P密链网络还设计了去中心化的微支付系统CORE（酷儿），其能够在充分保障用户权益和交易安全的基础上处理支付交易。

Web 3.0成为一个新兴的创业赛道，创业企业的涌入为Web 3.0的发展提供了动力。在未来，新兴的Web 3.0创业企业将持续涌现，为互联网经济发展提供新动能、激发新活力。

第 3 章　Web 3.0 市场概况：多方势力强势入局新蓝海

3.3　企业探索：抢占 Web 3.0 高地

如今正处于数字经济时代，Web 3.0 迎来了全新的发展机遇。为了抢占 Web 3.0 高地，许多企业深入探索，各显神通。例如，TikTok 以 NFT 项目探索 Web 3.0 市场，阿里巴巴以新产品打开 Web 3.0 大门，天下秀以先进技术提升竞争力，华为以数字化转型支撑业务持续发展。

3.3.1　TikTok：以 NFT 项目探索 Web 3.0 市场

Web 3.0 去中心化的特质为用户带来了前所未有的机遇，在 Web 3.0 的生态系统中，每个用户都能受益。在 Web 3.0 的浪潮中，字节跳动以 TikTok 为切入点进行深入探索。

TikTok 是字节跳动旗下的短视频社交平台，主要面向海外市场，能够为用户带来去中心化的体验。TikTok 以 NFT 项目探索 Web 3.0 市场，推出首个 NFT 系列——TikTok Top Moments。

TikTok Top Moments NFT 系列是 TikTok 精心挑选 6 个影响力高的短视频，制作成相应的 NFT，用来感谢用户对 TikTok 的贡献。创作的用户包括 Lil Nas X（利尔·纳斯·X）、Rudy Willingham（鲁迪·威灵厄姆）、Bella Poarch（贝拉·珀琦）、Curtis Roach（柯茨·罗奇）、Brittany Broski（布列塔尼·布罗斯基）等。

TikTok 还邀请这些用户与知名 NFT 艺术家共同打造限量版 NFT。例如，Lil Nas X 将推出第一个在以太坊可用的一对一限量版 NFT，由 Immutable X（现货合约量化机器人）提供支持。

TikTok 表示，NFT 的大部分销售额将分配给参与的用户与艺术家，而 Brittany Broski 和艺术家 Grimes 合作的收益将用于慈善事业，这些 NFT

在纽约皇后区的动态影像博物馆展出,名为"无限二重奏:在 TikTok 上的共同创作"。

TikTok 有意将区块链技术作为其整体战略布局的一部分,并与区块链流媒体平台 Audius(一个分散的基于区块链的平台,用于流式传输和共用音乐)展开合作,推出了一项名为"TikTok Sound"的新功能,该功能允许用户将 Audius 的歌曲导入 TikTok。

TikTok 拥有庞大的用户群体,许多用户通过该软件认识新歌手、聆听新歌曲。与 TikTok 达成合作后,Audius 的用户群体超过 500 万人。

字节跳动基于原有的业务在 Web 3.0 领域布局,这样既可以降低试错成本,也可以巩固基础业务,不会被时代所抛弃。

3.3.2 阿里巴巴:以新产品打开 Web 3.0 大门

在新企业涌入 Web 3.0 赛道的同时,一些老牌企业也积极探索,试图抢占更大的市场份额。阿里巴巴作为国内领先的互联网大厂,凭借敏锐的市场嗅觉打造了鲸探数字藏品 App,以新产品打开 Web 3.0 的大门。

鲸探的前身是支付宝于 2021 年 6 月上线的小程序"蚂蚁链粉丝粒",是一个基于蚂蚁链技术,集数字藏品购买、收藏、分享于一身的平台。

鲸探是国内数字藏品的开拓者与引导者。早在还被称为"蚂蚁链粉丝粒"时期,其首次推出的敦煌主题数字藏品一经发售便被抢购一空,引发了激烈讨论,点燃了国内用户抢购数字藏品的热情。

与国外一张图片发行一个 NFT 的发行模式不同,鲸探采用的是一张图片发行多个 NFT 的模式。在其平台上,一般一张图片发行 1 万份 NFT。

在数字藏品的发售价格方面,鲸探具有巨大的优势,一个 NFT 的价格一般是 9.9 元、19.9 元,这大幅降低了用户的购买门槛,提升了用户购买数字藏品的意愿,有利于宣传数字藏品。同时,鲸探采取的低价销售策略与一张图片发行1万份NFT的做法带动了整个数字藏品市场的发展。

在商业模式方面,鲸探摒弃了淘宝、阿里拍卖的传统商超模式,聚焦传统文化、国风等品类,以公众号、微博为主要宣传阵地,为即将发行的数字藏品宣传,营造稀缺的氛围。

例如,鲸探曾上线"宋公栾簠"数字文创产品,如图3-2所示,取得了1万份NFT 8秒内售罄的好成绩。"宋公栾簠"是中国文字博物馆的馆藏文物,是宋景公为其妹句敔夫人出嫁时陪嫁的器皿。该数字文创产品对"宋公栾簠"进行了二次创作,在背景中增添了喜庆祥和的红绸缎,展现了出嫁的美好心情与古人对婚姻的重视。

图3-2 "宋公栾簠"数字文创产品

再如,小罐茶曾经通过鲸探平台限量发售了3件非遗数字藏品,发售仅1分钟便全部售罄。小罐茶数字藏品的成功发售离不开阿里巴巴支付系统的支持,由于阿里巴巴支付系统的支持,用户可以便捷操作。小罐茶传承了中国传统文化,发行的数字藏品与其品牌形象和文化调性相契合。小罐茶将全部数字藏品销售额捐赠给"天才妈妈"非遗传承公益项目,以资金支持、能力培养等方式帮助身处困境的非遗领域女性从业者。

纵观国内数字藏品市场,鲸探无疑是其中的佼佼者。NFT数字藏品是一个具有巨大发展潜力的新领域,也是Web 3.0发展中的重要一环。未来，鲸探将不断探索数字藏品领域，为用户带来更多的新鲜玩法。

3.3.3 天下秀：升级产品，以先进技术提升竞争力

在维持 Web 2.0 业务的同时，许多企业持续加码 Web 3.0，将 Web 3.0 作为发展重点。例如，天下秀十分注重产品升级，积极推进旗下产品发展，使产品更能适应 Web 3.0 时代，以先进技术提升自身竞争力。

天下秀是一家扎根于红人营销领域的营销企业，在经济不确定性增强的情况下，其 2022 年上半年的营业收入为 20.88 亿元，与 2021 年同期营收基本持平，显示出巨大的竞争优势。天下秀之所以能取得这样的成绩，得益于三点，如图 3-3 所示。

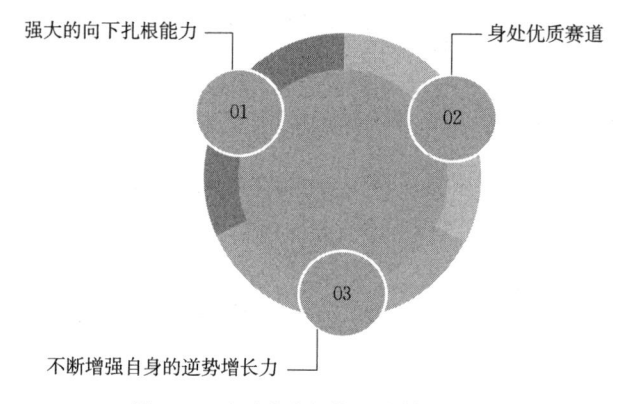

图 3-3 天下秀取得优异成绩的原因

1. 强大的向下扎根能力

天下秀长期深耕于红人新经济、创作者经济领域，持续帮助创作者与品牌匹配，使红人实现流量商业转化，并不断帮助企业提高经济效益。

天下秀依托大数据平台服务，解决红人端效率问题，精准分析每一笔订单的数据，以数字化的方式提升营销服务的效率和准确性。

天下秀通过 WEIQ 红人营销平台，基于大数据为红人和品牌提供在线资源匹配服务，让他们实现点对点联系，逐步建立红人新经济领域的大

数据平台企业模式。天下秀在红人营销领域领先传统营销企业，实现快速发展。

天下秀利用自身独特的优势，将多年积累的各类资源应用到多个领域，并不断向上下游拓展，布局了以热浪数据为代表的数据产品、以红人商业服务为代表的创新业务，构建了"根系发达"的红人新经济生态圈。

天下秀打造的红人新经济生态圈，能够实现对红人的精细化运营，并将新技术应用在多个场景中。天下秀拥有一批稳定的客户，如宝洁、京东、伊利等。

大数据技术的应用与行业经验沉淀使得天下秀拥有行业优势，其不断提升自身的服务能力，持续建立客户资源和品牌壁垒，不断巩固资源优势与数据优势，在竞争激烈的市场中占据领先地位，在"寒冬"中得以生存。

2. 身处优质赛道

红人新经济融合了数字经济、粉丝经济、体验经济等诸多要素，各行各业的介入使红人新经济的潜在市场不断扩大，使之成为新经济与新业态的催化剂。区块链、元宇宙等新兴事物，能够为红人新经济带来全新的发展机会。

元宇宙等新兴科技概念的出现使得红人新经济拥有了全新的发展空间，红人不仅可以是真人，还可以是虚拟数字人，评判红人价值的方式从评判流量价值转变为评判社交资产价值。在 Web 3.0 时代，红人新经济将探索多维的内容展现形式，开辟更多的新型社交方式。

随着 Web 3.0 时代的到来，天下秀在稳固主营业务的基础上，全方位对 Web 3.0 领域进行探索。天下秀打造了区块链价值实验室，并成功落地首个区块链价值网络；在元宇宙爆发期推出首个虚拟生活社区"虹宇宙"，实现了红人经济与新场景、新技术的结合，为业务的发展开拓了新方向。

天下秀对虹宇宙倾注了许多心血，致力于将其打造成一个开放型社区。

天下秀在内容平台、应用平台、硬件平台等层面陆续引入内容创作者、IP（intellectual property，现在指知识产权产品）、数字藏品工具等要素，通过不断探索Web 3.0时代的全新技术，帮助创作者创造更多价值。

想要在众多应用中突围，虹宇宙不仅需要具备过硬的技术和丰富的社交生态，还需要形成一个成熟的"循环效益链"。虹宇宙的循环效益链主要分为社交内循环与商业内循环两方面。虹宇宙的社交内循环指的是虹宇宙内有许多不同的场景，场景是用户社交、消费的重要依托。虹宇宙内也有新的产品、服务、数字内容，这些因素通过3D互动的方式重构人、货、场的内在关系。

虹宇宙的商业内循环指的是虹宇宙将天下秀曾经服务过的品牌与创作者聚集在一起，打造了一个创作者经济生态。通过沉浸式场景，用户、品牌与创作者之间形成了一种新的连接。品牌可以在新的连接中实现品牌运营；创作者可以在新的连接中产出内容，与粉丝互动，形成粉丝经济，打造全新的商业模式。

当虹宇宙拥有了稳定增长的用户后，需要考虑这些用户能不能为产品带来循环效益。可以预见，虹宇宙将在持续的发展中形成一条强大的"循环效益链"，为天下秀的未来发展开创新的经济增长点。

3. 不断增强自身的逆势增长力

天下秀观察到自媒体流量分散的趋势，打造了自媒体账号与品牌方之间的连接平台，并在打造平台、资源对接的过程中，收集了数据，积累了技术与运营经验。

天下秀认为，数据不是一次性用品，而是可以循环使用的生产要素。随着天下秀平台逐渐发展壮大，用户越来越多，沉淀的数据越来越多，需求匹配精确度越来越高，用户的黏性越来越强。天下秀持续积累的数据与不断迭代的技术，使其逐步构建竞争壁垒，提升了抗风险能力。

出于以上三个原因,天下秀能够在行业"寒冬"时坚韧不拔,持续积蓄力量。面向未来,天下秀做了充足的准备。天下秀已经构建了以虹宇宙为核心、以区块链底层技术为重点的生态系统。面对全新机遇,天下秀稳中求进,不断探索。

3.3.4 华为:以数字化转型支撑业务持续发展

在数字化时代,数字化转型成为企业必须认真思考的课题。数字化转型将企业组织与外部生态结合起来,能够实现供应商、合作伙伴、用户、企业业务、企业员工等多方面的数据连接。

在数字化时代,数据是主要的生产要素。企业需要通过大数据、云计算、5G等先进技术,构建新的生产关系,以创新经营模式,提升竞争力。在这方面,华为作出了积极探索。在积极推动数字化转型方面,华为主要作出了以下努力:

1. 数字化战略变革

华为认为,数字化转型不是简单的企业各系统的数字化,而是一种企业变革,需要企业实现从战略到方法再到执行流程的全方位数字化改造。数字化转型将变革企业的生产关系与生产力,是一场深刻的战略革命,因此,企业需要顺应数字化趋势,以更加广阔的视角和数字化思维构筑未来。

新的生产关系需要以数据为核心,以软件为载体,通过对数据的分析,识别用户需求与市场机会,从而以新产品满足用户需求。基于对数据的重视,华为积极进行数据收集、建模等,从而实现对用户、业务流程等数据的分析、预测,并反哺企业决策,提高了决策的质量和企业的运营效率。

2. 业务重构实现创新

华为以数字化手段对其业务进行了重构,使内部运营更加高效。首先，华为围绕用户旅程，以数字化技术深化与用户的连接，大幅提升了用户体验。其次，华为对业务模式进行了数字化重构，重新设计了全流程业务环节，实现了设计、制造、交易等多个环节的数字化。最后，华为借助人工智能算法，实现了数据预测、数据分析、方案复盘等，提升了决策的质量。

例如，在提高业务效率方面，华为基于数字化技术和工具，实现了业务流程的自动化执行，大幅缩短了作业执行的周期；在业务协同方面，数据共享与数据实时传输为多方协同作业提供了支撑；在华为通信站验收方面，智能影像与网络传输并联技术可以实现数据的共享与多方快速确认，简化了验收流程。

3. 打造数字平台

为了为数字化转型提供支撑，华为打造了统一的数据底座和高效运行的数字平台，为企业提供数字能力支持。同时，为了实现数据底座和数字平台的稳定运行，华为还构建了完善的治理体系。

(1)数据底座。收集、处理、分析企业内外部数据，打造数据仓库、数据湖等，打通数据之间的连接，这使得华为有效打破了数据孤岛，最大化地发挥数据的价值。

(2)数字平台。以不同的数字技术、功能等响应不同的数据需求，并通过大数据、云计算、5G等技术的集成应用，提升平台能力，实现平台的实时响应，这为华为进行数字化转型提供了强大的平台与基础设施服务支持。

(3)治理体系。这一体系涵盖了聚焦企业架构、项目运行的各种变革团队，功能包括制定愿景、形成规划、统一规则、推动计划执行并对结果进行评定等，这一体系从制度层面扫除了数字化转型的阻碍，助力数字化转型平稳有序进行。

第3章 Web 3.0市场概况：多方势力强势入局新蓝海

华为的数字化转型探索为很多企业进行数字化转型实践提供了方法论指导，同时，华为的数字技术也能够为其他企业的数字化转型提供支撑。在不断推动自身数字化转型的同时，华为也在探索适用更多行业的数字化转型解决方案，为更多企业的数字化转型提供支持。

第 4 章

Web 3.0 未来图景：重塑互联网生态

Web 3.0 将会重塑互联网生态，为用户带来全新的体验。Web 3.0 将会坚持去中心化的路线，构建完善的 Web 3.0 规则，打造一个值得用户期待的未来。

4.1 Web 3.0 未来发展根基

Web 3.0 是一个去中心化的网络世界，在发展过程中，Web 3.0 应坚持去中心化的路线，并制定完善的 Web 3.0 规则，以实现合法合规发展。

4.1.1 坚持去中心化路线

Web 3.0 与 Web 1.0、Web 2.0 最大的区别在于 Web 3.0 具有去中心化的特点。用户在快速发展的移动互联网中享受了红利，但是大量商业行为都发生在由几大科技巨头掌握的封闭平台中，科技巨头在数据与内容权限方面拥有更大的主动权，这引起了用户的担忧。在这种情况下，Web 3.0 迎来了发展机会。

Web 3.0 承载了用户渴望打破中心化限制的愿望,打造了一个以区块链技术为基础、数据归用户所有的去中心化互联网。区块链是 Web 3.0 的核心,虽然区块链具有去中心化的特点,但是专注于建立全球共识的系统,全球共识的目标与区块链去中心化的目标有一定的冲突。虽然区块链网络允许任何用户加入,但只有用户同意遵循所有其他节点使用的相同协议时,一切才有意义。

从效率角度来看,A、B 两方各自使用一个账本对交易内容进行确认、记录是合理的,但如果一个账本需要与区块链的所有用户共享,并且每个用户都有各自的激励机制,可以单方面增加 A、B 的交易成本,这十分不合理,然而,这就是区块链交易的现状。一个用户的业务成本或交易时间,可能会因为加密资产市场的波动而波动。为了提高效率、防范风险,中心化商业组织成为较优解。

从利益角度来看,数字货币、NFT、元宇宙等概念吸引了许多用户,越来越多的用户参与到去中心化、虚拟身份的讨论中来,点燃了风投机构投资 Web 3.0 项目的热情。红杉资本、a16z 等知名投资机构入场,渴望获得丰厚的回报,但是,从实际上看,从完全去中心化的系统中获取利益比从中心化的系统中获得利益更困难。因此,用户需要警惕 Web 3.0 系统是"再造中心化",一些本质上是中心化的系统中包含一些去中心化的元素,便假冒 Web 3.0 系统。

许多用户对 Web 3.0 的期待来源于它的去中心化可以带来许多可能性,然而,用户也需要警惕,别让去中心化演变成"再造中心化"。

4.1.2　构建完善的 Web 3.0 规则

Web 3.0 能够解决 Web 2.0 存在的一些问题,但又会带来隐私安全、金融交易风险等方面的问题。例如,以区块链技术为支撑的匿名社区给网络监管带来新的挑战;去中心化金融中隐藏许多金融风险,需要金融管理部门严加防范。虽然 Web 3.0 未来发展前景广阔,但在实现之前,还面临诸多挑战,各方需要共同努力,监督、引导相关产业的发展,构建完善的 Web 3.0 规则。

如今,连接数字世界与现实世界的通道已经开启,互联网开始重构信息与通信技术生态,许多新兴产业得到发展:在工业领域,有数字孪生;在经济领域,有非同质化代币;在社交领域,有虚拟数字人;在游戏领域,有 VR 游戏、区块链游戏等。这些新兴产业的发展与成熟,都需要以 Web 3.0 为核心的信息基础设施作为支撑。

区块链改变了中心化的社会治理模式,构建了去中心化的社会信用治理模式。Web 3.0 能够解决用户数据安全、创作内容归属、中心化平台垄断等问题,但是在解决这些问题时,Web 3.0 也有可能引发治理风险,因此,很多用户质疑 Web 3.0 的发展前景。

作为下一代互联网,Web 3.0 引发争论是一件很正常的事情。大部分科技从产生到成熟,都会经历类似的情况。平衡新技术的发展与互联网的生态安全,是监管部门面临的重大挑战。我国非常关注区块链,并将其作为实现核心技术自主创新的重点,因此,我国致力于研究如何在兼顾区块链技术与产业创新发展的同时,保障下一代互联网的安全。

Web 3.0 是以密码学为基础的深度应用,包括以区块链为代表的一系列新技术,具有网络安全优势,但是,在网络运行中,有交互就会有风险,区块链的技术风险、平台风险等不容忽视,构建完善的 Web 3.0 规则、做好风险防范迫在眉睫。

某专家认为,Web 3.0 正在进行一种换代型革命,需要高层次的顶层设计,包括配套的网络安全法律、政策、标准和技术引导,还需要相关行业的自主创新。企业应建设一套独具特色的 Web 3.0 基础设施,并以此为基础推动相关应用和业态的创新,将 Web 3.0 时代的网络安全掌握在自己手中。

4.2 洞见 Web 3.0：Web 3.0 将带来怎样的未来

Web 3.0 给互联网带来了前所未有的变革，也给用户的生活带来许多变化，主要包括四个方面：一是数字人民币成为高安全性数字资产；二是算力将会成为新兴技术发展的推动力；三是现实与虚拟之间的界限将会逐渐模糊；四是群体智能能够大幅提高生产力。

4.2.1 数字人民币成为高安全性数字资产

Web 3.0 给用户带来一个全新的数字时代，在这个时代，一些新兴事物将会出现，如数字货币。数字人民币是由中国人民银行以数字形式发行的法定货币，与纸币等价，具有价值特征。

加密货币是一种利用密码学原理保证交易安全的交易媒介，其运用了区块链技术，具有唯一性，可以防止被重复使用与伪造。数字人民币不仅是加密货币，还是国家法定货币，是安全等级最高的资产。

1. 安全性

中国人民银行在发行数字人民币时将数字人民币的安全以及隐私问题放在首位，将合法合规与安全便捷作为重要的设计原则，贯穿数字人民币设计的每个环节。在安全性方面，中国人民银行主要遵循以下四点原则：

(1) 规范数字人民币及其相关系统设计、开发和操作流程，做好数字人民币全生命周期信息安全管理，使其具有不可重复花费、不可非法复制与伪造、交易不可篡改等特性，建立多层次安全防护系统。

(2) 致力于构建多层次联防联控安全运营体系，促进信息安全管理制度不断完善，加强实战训练，提供常态化安全保障工作，提升防范风险的能力。

(3) 不断探索安全技术，提升数字人民币安全水平，保障数字人民币的安全应用。积极引入分布式数字身份、零信任等新兴技术,不断强化个人隐私数据保护技术,给予用户充足的安全感和信任感。

(4)利用区块链技术实现交易可追溯。区块链技术具有强大的记录功能,能够记录、存储交易过程,以供查询调用。传统人民币无法安装定位设施,而数字人民币既具有防伪系统,又具有"定位"与"导航"功能,可以极大地保障用户的财产安全。

2. 隐私性

在隐私性方面,主要遵循以下三点原则:

(1)数字人民币遵循"小额匿名,大额依法可追溯"的原则,既满足了用户对小额匿名支付的需求,又充分考虑了电子支付体系可能出现的业务风险,为用户的支付安全保驾护航。同时,中国人民银行也注重防范数字人民币被用于网络赌博、电信诈骗、洗钱等违法犯罪活动,确保用户的相关交易符合《中华人民共和国反洗钱法》的要求。

(2)数字人民币收集信息时遵循"最少、必要"的原则,只收集必要信息,不过度收集用户信息,除了法律法规明确规定外,不将信息提供给第三方。

(3)中国人民银行内部系统为数字人民币及相关系统设置了"防火墙",并进行了严格的制度管控,包括专人管理、岗位制衡、业务隔离、内部审计等,严格落实信息安全以及用户隐私保护管理,禁止内部员工随意查询用户信息。

目前,数字人民币处于发展阶段,许多相关的政策、技术仍在进一步优化、改善。未来,数字人民币可能会成为用户使用最广泛的货币。

4.2.2 算力将会成为新兴技术发展的推动力

算力指的是处理数据的能力,一般存在于各种智能设备中。更高的算力能够带来更加强大的创新能力,促进各种新兴技术的发展。强大的算力是Web 3.0时代的敲门砖，是实现Web 3.0的基础。

算力在数字经济发展中扮演着重要的角色。随着数字经济进入全新的发展阶段，数字经济的应用场景更加丰富、产业需求更加多样，这就需要更强大的计算能力的支撑。

目前，无人农场正在取代传统农业生产方式；AI技术日渐成熟，虚拟数字人的自然交互能力有所提升；工厂利用数字孪生技术进行仿真模拟……在此基础上，算力需求呈现指数级增长，数据量的增加要求算力不断升级。算力是支撑新兴技术不断发展的重要动力，没有算力，一切将无从谈起，"算力时代"即将到来。

面对"算力时代"带来的发展机遇，许多企业都积极布局。例如，在"2022年世界计算大会"上，拓维信息带来了自主计算品牌兆瀚。拓维信息是一家同时布局鸿蒙生态与智能计算的科技企业，而兆瀚则是其基于"鲲鹏处理器＋昇腾AI"技术底座构建的较为完善的智能计算产品体系，能够实现车路协同，助力智慧路网的打造。在展会上，拓维信息演示了如何智能控制隧道灯光与如何针对隧道事件快速预警，展现了其全场景智能运营的"智慧隧道解决方案"，能够为智慧城市赋能，帮助企业进行数字化转型。

而昆仑芯科技则推出了具有超强算力的AI芯片，助力企业迎接算力时代的到来。昆仑芯科技是国内较早布局AI芯片的企业之一，深耕AI芯片领域10多年，致力于打造高性能、算力强大的AI芯片，能够以AI算力赋能多场景的AI应用，帮助企业实现智能化转型。

昆仑芯科技与百度智能云联手打造了智算中心，分别在湖北、江苏等地落地。以湖北宜昌为例，一个智算中心的算力相当于50万台计算机同时运行的算力，为宜昌"城市大脑"的建设提供了算力支持，该智算中心已经在安全预警、民生服务等场景落地应用，助力城市实现数字化升级。

2022年7月，昆仑芯科技宣布与专攻人工智能计算的浪潮信息展开深入合作。浪潮信息副总裁表示，昆仑芯科技的加入能够带来丰富的芯片架构，有利于AI算力的完善，帮助企业实现数字化转型。在本次合作中，双方将发挥各自在AI芯片上的优势，帮助企业解决人工智能方面存在的问题，助力企业探索更多AI应用场景，满足企业的需求，提高数字化转型效率。

从长远来看，Web 3.0的发展需要大量算力的支持，因此算力发展前景极为广阔，"算力时代"即将到来。

4.2.3　现实与虚拟之间的界限逐渐模糊

Web 3.0时代将会彻底颠覆用户的生活，使现实与虚拟之间的界限逐渐模糊。在Web 3.0时代，元宇宙能够打破虚拟和现实的界限，实现现实空间与虚拟空间的深度融合，拓展用户的活动空间，为用户带来更加真实、沉浸的体验。

元宇宙实现现实空间与虚拟空间的融合体现在资产互通上。元宇宙中的用户不仅可以在去中心化的金融市场从事经济活动，还可以拥有数字资产的权益，而这些权益可以转化为现实的资产。

元宇宙实现现实空间与虚拟空间的融合还体现在产品营销上。以前，品牌发布会都是在线下举行，用户必须到场才能观看。如今，元宇宙可以让用户足不出户就能沉浸式体验发布会。例如，一汽奔腾与元宇宙App希壤展开合作，共同打造了一场元宇宙汽车发布会。在发布会中，用户可以按照个人喜好塑造角色并进入元宇宙会场，沉浸式体验发布会。

为了使用户获得完美体验，奔腾B70S进行了1∶1仿真比例的实车还原，用户可以进行虚拟试驾。同时，奔腾大楼正式入驻元宇宙，用户可以通过奔腾数字展厅了解品牌与产品信息，用户在线上便可了解、体验奔腾B70S的各种优势。

2022年5月,顾家家居将其梦立方床垫新品发布会搬到虚拟空间中。线上虚拟发布会由虚拟数字人"银河赏金猎人小顾"担任主持人,小顾活泼可爱的形象为发布会增添了趣味。小顾可以实时与用户互动,拉近与用户的距离,吸引用户停留,带领用户开启跨次元的虚拟空间之旅。相较于单调的平面角色,虚拟主持人小顾更加鲜活,能够在打造品牌差异化特征的同时,增强年轻用户的黏性。在虚拟发布会上,用户在虚拟主持人小顾的引导下,体验梦立方床垫的多种应用场景,沉浸式感受梦立方床垫的舒适程度。

2022年6月,生活用纸品牌清风在虚拟空间举办了以"绿色清风,探索之旅"为主题的发布会。发布会以绿色森林为背景,搭配清风NFT花朵元素,为用户带来绿荫环绕、花香拂面的感觉。不同于传统的观众观摩模式,线上发布会为用户设置了"云打Call(呼叫)"席位,打破了线上直播的边界,用户参与发布会的热情高涨,获得无穷的乐趣。此次发布会参与用户累计达到700万人,互动评论超过200万次,将品牌与用户深度联系在一起,触达年轻用户,实现品牌破圈。

清风虚拟发布会的成功离不开其策划的营销方案。清风借助虚拟空间构建了符合品牌清新调性的虚拟场景,给用户提供震撼的视觉体验和多样的交互方式,全面传递了品牌理念。线上发布会筹备时间短、不受地域局限、传播性广、可容纳用户多等优点,使得其成为品牌未来营销的新选择。

虽然虚拟空间与现实空间的融合仍处于探索阶段,但随着技术的不断迭代,两个空间将实现深度融合,届时用户将获得更多新奇体验。

4.2.4 群体智能大幅提高生产力

近年来,一门名为群体智能的人工智能学科迅速发展。群体智能主要是通过对生物群体智慧的研究,达成一些去中心化的智能行为。

群体智能是一种智能形态,最初源于科学家对群居生物的观察,指的是群体聚集在一起表现出的智慧能够超越个体智慧。科学家基于对群体行为特征的研究而提出了具备群体智能特征的算法,如蚁群优化算法、蚁群聚类算法等。

如果将群体智能的机制应用于设备,实现设备的群体智能,能否大幅提高生产力?这个设想随着Web 3.0技术的发展成为现实。

随着自组织的生物群体智慧的快速迭代,群体智能逐渐渗透人工智能领域,能够实现去中心化的智能行为。此外,群体智能还可以被用于无人机、机器人集群的协同作业。

群体智能主要有两种机制,如图4-1所示。

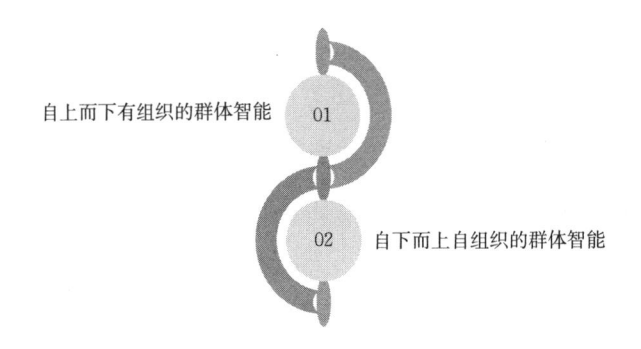

图 4-1 群体智能的两种机制

1. 自上而下有组织的群体智能

自上而下有组织的群体智能行为指的是在问题可以进行分解的情况下,不同个体可以借助蜂群算法集成进行合作,从而快速地解决复杂问题。例如,德国运用自上而下有组织的群体智能机制开发无人机蜂群人工智能快速决策系统。

2. 自下而上自组织的群体智能

自下而上自组织的群体智能使群体具备个体不具备的全新属性,而这种全新属性是个体之间相互作用的结果。例如,多个只能完成简单工作的机器人组成群体机器人系统后,可以通过自组织的协作完成单个机器人难

第4章 Web 3.0未来图景：重塑互联网生态

以完成的复杂工作。

全面智能时代还没有到来，群体智能作为一项崭新的技术还未实现全面应用，但是人们已经可以使用群体智能算法进行AI机器操纵、定位无线传感器等活动。大量电商与团购网站将用户视作群体感知源，在用户的历史消费、历史评价中寻找相似群体，并依据该群体的兴趣与偏好向他们推荐产品。

群体智能还能用于路径规划系统。路径规划系统多用于运动规划，如自动驾驶、车路协同、群体机器人等，能够解决多个智能体间的群体协同决策问题。

群体智能作为人工智能的重点发展方向，具有广阔的发展前景与应用前景。随着Web 3.0时代的到来，数字化浪潮将推翻陈旧的生产技术、生产力与生产关系，创造全新的生产关系与商业模式，设备的群体智能也将实现。

中 篇

Web 3.0 支撑框架拆解

第 5 章

区块链:为 Web 3.0 提供底层技术支撑

Web 3.0 的本质是一个去中心化的网络,主要目标是打造安全、去中心化的网络生态,而要实现这样的目标,离不开区块链的助力。区块链能够为 Web 3.0 提供底层技术支撑,使 Web 3.0 应用朝着安全、高效的方向发展,为用户带来更好的网络体验。

5.1 区块链初探

区块链本质上是一种去中心化、不可篡改的分布式账本,能够摆脱传统的中心化机构的控制,为参与的用户提供共同的账本,形成共识。区块链的技术原理是将交易记录在区块中,并借助密码学确保数据具有安全性与不可篡改性。下文将会解析区块链的定义与运作机制,便于用户深入了解区块链。

5.1.1 定义解析:明确什么是区块链

区块链是由一个个保存一定信息的区块,按照产生的时间顺序排列而组成的链条。区块链的四大核心技术是：分布式存储、非对称加密、共识机制和智能合约，这四项技术可以融合，共同推进区块链的发展。区块链具有五个特征，如图 5-1 所示。

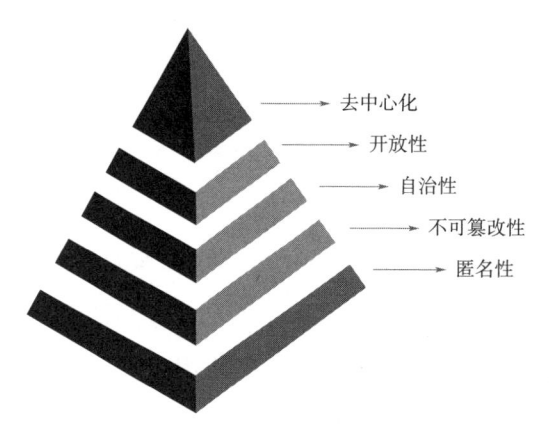

图 5-1 区块链的五个特征

1. 去中心化

区块链最突出的特征是去中心化。区块链能在不依赖任何第三方管理机构的情况下，通过分布式核算和存储的方式运行，能够实现信息的自我验证、传输与管理。去中心化使得区块链能够避免中心化节点被攻击而导致数据泄露，同时能够提高运行效率。

2. 开放性

区块链是一个公开透明的系统，具有开放性，交易双方可以通过公开入口查询数据和变更历史记录。交易双方的隐私信息是加密的，无法被他人查看。区块链系统可以由多方共同维护，即便部分节点出现问题，也不会影响整个系统的运行。

3. 自治性

区块链的自治性指的是其基于确定的协议运行，只要协议约定的内容发生，区块链就会自动执行接下来的程序。自治性有利于解决交易中的信任问题,使交易双方能够在去信任的环境下基于区块链系统进行交易,大幅提高了交易效率。

4. 不可篡改性

区块链中的信息具有不可篡改性,交易信息一旦被验证通过,就会被永久保存,这使得区块链系统同时具有可追溯性,如果交易出现问题,对以往的交易信息进行追溯,用户就能发现哪一环节出现了问题。

5. 匿名性

区块链上交易双方的身份信息不需要公开,可以匿名传递信息、进行交易,这样不存在信息泄露的风险,能够保证用户信息安全。

基于以上特征,区块链能够为Web 3.0提供安全保障,保证用户交易、数字资产流通过程中资产和个人信息的安全。

5.1.2 如何运作:区块链底层机制挖掘

区块链主要以密码学、共识机制等手段保证账本的安全性、不可篡改性和去中心化。区块链的用途广泛,能够与多种技术结合,创造多种商业模式与机会。许多企业已经意识到区块链的价值,并不断对其进行研究。

区块链的运作机制十分精细,交易流程十分严密。计算机出现之前,交易的方式多是现场交易,即一手交钱一手交货;计算机出现以后,人们可以通过电子银行、支付宝、微信等工具直接在线上交易。

线上交易虽然给人们的生活带来了极大便利,但也存在一定的安全问题。在这方面,区块链的分布式账本就可以显现优势,发挥强大的作用。

具体来说,每个节点分布式记账结束后,都会在区块链上留下记录,并自动生成交易订单,这个交易订单记录着这个节点与历史所有节点的全部信息,而且会自动传播至全网,并存储在区块链中。

区块链将哈希函数用于多种操作,在此基础上,区块链可以隐藏原始信息，解决了交易过程中的所有权验证问题，而且所有的记录、传输、存储结果都是唯一且真实的，信息一旦生成就无法被修改，这能够很好地解决了交易中的信任问题。

因为交易过程中每个节点的信息都被记录并保存在区块链上，所以交易的每一步都是可以追溯的，这表明，如果交易出现了问题，通过对交易各节点信息的追溯可以找到交易是在哪个节点出现了问题，这对问题的追踪来说是十分有利的。

区块链能够保障信息的真实性和可追溯性。人工智能、物联网等技术与区块链融合，将会使交易流程更加简单，交易过程更加透明。

5.1.3　区块链三大主要思维逻辑

区块链依托于加密算法、共识机制等技术，满足了传统互联网不够重视或无法落地的需求，进而形成了一套独特的商业逻辑，被称作区块链思维。区块链思维主要有三个，如图 5-2 所示。

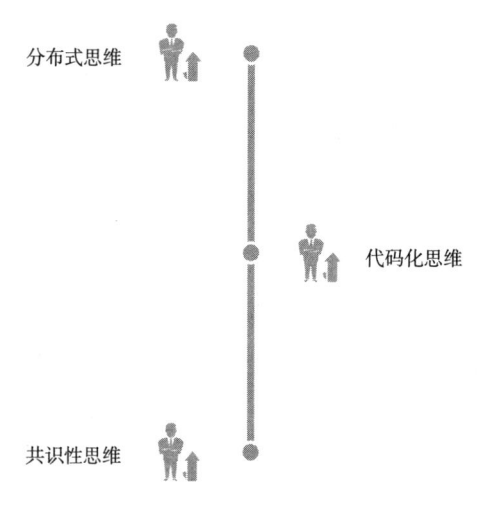

图 5-2　区块链三大思维

1. 分布式思维

从本质上来说，分布式思维是权利、责任与利益的去中心化，这在传统经济中表现为权利、责任与利益的分布式再造。集权中心是分布式再造的重点，例如，在大型上市公司的董事会中，董事会的决策关系到许多股东的利益，因此需要采取分布式思维，不断进行去中心化，通过引用外部董事来增加决策的科学性。

分布式思维提高了数字资产私有化的可能性。在大多数实体经济资产实现私有化的情况下，包括数据、虚拟资产在内的数字资产还未真正实现私有化，而分布式数据存储从技术层面为数字资产私有化提供了可能性。从产权理论角度来看，数字资产私有化将推动数字经济发展。

2. 代码化思维

为了建立信任关系，人类发明了契约，在如今的文明社会，契约精神已经成为商业交易的灵魂。但是，债务违约、企业信用破产、合同纠纷等违约情况依然频频发生。从口头约定到书面合同，再到电子合同，契约从纸质化向数字化发展，一次次的升级只为强化信用风险管理。代码化实际上是契约数字化的升级，即通过代码撰写契约，在区块链上履行契约，这能够有效降低违约率。

在区块链中，代码即法律，可以约束协议的执行。同时，人工智能领域也在从数字化转向代码化。人工智能正在通过代码开发来实现大数据的模型构建与计算。因此，在数字经济中，区块链将协议代码化，以改善信任生产关系；人工智能将计算代码化，以增加运算生产力。

在现实经济活动中，协议代码化也具有十分重要的作用。供应链金融、国际贸易融资、零售供应链等都可以进行协议代码化，以增强协作的透明度，提高履约效率，降低信用风险。

3. 共识性思维

区块链网络是以共识为基础构建的,出发点与落脚点都是共识。区块链思维也是从共识出发,只有达成共识才能进行交易与合作,如果共识破裂,就无法形成区块链网络。并非只有区块链才有共识,现实社会也存在共识,但是区块链的共识往往通过平等、自愿、公平的方式达成。

共识性是用户进行交易的前提,区块链的经济共识性能够为现实经济提供指导。互联网思维中的用户至上思维,指的是从用户的角度出发设计产品,满足用户的多样化、个性化需求,本质上是与用户需求达成共识。而在区块链中,需要先与用户达成共识,随后提供产品与服务。区块链的共识性与按需生产相似,用户需要先达成协议下单,再进行生产。

分布式思维、代码化思维、共识性思维是区块链的三大思维,这三大思维能够推动实体经济数字化、数字资产私有化、社会组织向着分布式社区转变。

5.1.4 区块链的工作原理

随着时代的发展,大数据、人工智能、5G、云计算等技术不断融合。这些技术的融合离不开区块链的助力,越来越多的人意识到区块链蕴含着巨大价值。区块链作为一项新兴技术,不断为各行各业赋能,其工作机制十分重要。区块链的工作机制有以下步骤:

第一步是账本公开

如果把区块链假设成一个封闭的区域,那么这个区域中的每个人就是区块链中的一个节点,每个节点都拥有一个账本,记载着这个区域的每一笔交易,且这个账本是公开透明的。只要确定这个账本的初始状态,并确定这个账本中的每一笔交易都可靠,那么每个人持有的资金是可以推算出来的。

但是,参与交易的人并不想让区域内的人知道自己所持有的资金,因此,在区块链中,交易是公开的,但是每个参与交易的人是匿名的。人们进行交易并不使用真实的身份信息,而是使用自己的 ID。交易会显示双方 ID 的数字签名,确保交易是在双方之间展开的。

第二步是身份签名

在区块链中进行交易,交易单上会记录付款和收款信息。

区块链中的节点会向全网通告区块记录的有明确交易时间的交易,并由其他节点核对。当其他节点核对区块并确认无误后,该区块就会被认定为合法,然后所有小组开始争夺下一区块,这样就形成了一个合法记账的区块链。

5.1.5　区块链的经济激励方式

随着区块链与人工智能、大数据、云计算等技术不断融合,区块链逐渐成为数字化的权利和权益凭证,也就是通证。在 Web 3.0 时代,通证作为一种数字权益证明存在,需要具有数字权益、加密和可流通三个条件。

(1)数字权益。一般情况下,通证以数字的形式存在,作为一种代表权益与内在价值的权益证明。

(2)加密。加密是指通证的真实性、难以篡改性和安全性等,通常情况下由密码学来保障其真实可靠。

(3)可流通。通证必须在网络中流动,可以随时随地作为一种权益证明被验证。同时,通证可以代表所有的权益证明,身份证、学历、票据、积分、卡券等都可以通过通证来证明。

通证有固有的内在价值,可以为实体经济服务。而且作为一种经济激励方式,通证可以激励人们把各种权益证明,如门票、积分、合同等通证化,然后存放在区块链中,并在市场中流转、交易。由此衍生一个概念——"通证经济",即充分利用通证,实现实体经济的升级。

通证能够充分实现市场化，任何人都可以依据自己的资源或服务能力发行权益证明。由于通证在区块链中运行，因此每个人都可以把自己的承诺通证化。而且，区块链中的通证建立在密码学的基础上，流通速度非常快，能够在很大程度上减少纠纷和摩擦。可以说，在互联网时代，通证的流通速度是非常重要的经济衡量指标。

通证在高速流转的情况下可以迅速确定价格，而且市场价格信号也比传统的市场信号灵敏、精细。围绕通证展开的智能合约应用可以加大创新力度，掀起创新的热潮。因此，通证可以有效激励经济，引领人们进入互联网经济新时代。

区块链中很多有关价值交换、权益管理的应用涉及通证。因此，得益于区块链的智能合约，通证的应用形态十分丰富，促使人们的生活更加智能化。

5.2　区块链助力 Web 3.0

区块链能够助力 Web 3.0 的发展，为 Web 3.0 提供去中心化的运行机制，以智能合约规范 Web 3.0 的交易规则，打造一个去信任化、去中心化、高效和开放的网络世界。

5.2.1　为 Web 3.0 提供去中心化运行机制

Web 3.0 时代，出现一种去中心化的支付方式，能够增强用户的交易信任。去中心化支付指的是以区块链技术为基础的支付系统，与传统的中心化支付相比,其安全性更高,运作效率更高,透明度更高。

传统的中心化支付存在资金清算滞后的弊端。虽然支付生态一直在改善,但资金运作仍是中心化的,也就是说,在中心化支付模式下,资金清算是滞后的,信息系统需要等待资金处理结果。资金清算滞后导致交易系统和对账系统的运行是分离的,这既加重了开发负担,又造成管理混乱,导致跨支付机构合作几乎不可能实现。

另外,支付机构的体量越大,资金风险就越高,而我们只能寄希望于该机构的 IT 技术和管理能力,但目前各家支付机构的水平参差不齐,我们除了能依据牌照资质对它们进行甄别外,没有其他更权威的方法来甄别支付机构的水平。

区块链的出现则为解决这一问题提供了一种新的可能。区块链能够为 Web 3.0 提供去中心化的运行机制,增强交易信任。资金清算存在滞后性是因为传统支付模式下的资金流转成本较高,而智能合约等区块链技术能在确认交易的同时更改数字货币的归属方,从而同步进行交易与清算,这会从根本上颠覆当前的支付和清算系统。首先,不再需要对账系统和清算人员,因为资金已经实时转移了;其次,交易接口可以变得更加灵活;最后,交易的安全性也有一定的保障,每笔交易都可以追溯来源,任何"暗箱操作"都将不复存在。

交易风控和智能合约为安全交易保驾护航,破解了互联网交易的信任危机,用户的交易能够在区块链上有保障地进行。

5.2.2 智能合约规范 Web 3.0 交易规则

智能合约是一段写在区块链上的代码,能够在没有用户操作的情况下自动执行。在 Web 3.0 时代,智能合约将发挥重要的作用。智能合约能够规范 Web 3.0 的交易规则,提高交易的安全性和便捷性。

智能合约的运行流程是：制定合约、事件触发、价值转移和执行合约。交易双方对条款达成一致便可编写智能合约代码。特定事件将会触发合约，并根据合约的预设条件进行价值转移，区块链上的资产将会自动进入用户账户，完成结算。

智能合约可以应用在许多领域。例如，用户在淘宝购物时，不需要亲自付款，当购买的商品发货时，智能合约便会自动执行，即自动扣款。"商品发货"是智能合约的触发条件，只要满足条件，合约便会自动执行。

在面对纠纷时，我们不再需要亲自解决，一切决定都可以交给代码来作。以外卖延误险为例，有了智能合约以后，理赔流程就会更加简单。具体来说，订外卖的用户的信息会以智能合约的形式记录并存储在区块链中，只要外卖配送延误且符合理赔条件，理赔款就会第一时间自动划到用户的账户上，这不仅提高了处理问题的效率，还节省了用户在追讨理赔款过程中消耗的时间、精力。

通过以上案例可知，智能合约可以节约人力支出，提升企业工作效率，为人们的生活提供更多便利。同时，由第三方执行合约也避免了交易中存在的信任问题。

5.2.3　DApp：Web 3.0 中的应用程序

用户对 App 并不陌生，每位用户在日常生活中都会使用许多 App，如小红书、支付宝、微信等。App 建立在中心化服务器上，背后的主体大多是一家企业。而 DApp 则是去中心化的应用程序，在区块链上运行。

App 往往运行在操作系统中，如果失去操作系统，App 将变得毫无用处。而 DApp 则是运行在底层区块链开发平台上，伴随着区块链的发展，DApp 也越来越受到关注。

DApp 主要有三个特点：

1. 代码开源

在传统 App 中,代码是商业机密,不会公开,很多公司甚至会为自己的代码申请知识产权。而在 Web 3.0 中,DApp 链端的代码几乎都实现了开源。DApp 能够实现开源主要有两点原因:一是 DApp 与数字资产有关,为了使用户放心而开源;二是其他开发者可以帮忙审查代码,及时发现代码中的漏洞。

2. 账号体系去中心化

用户使用传统 App 时,需要先在 App 上注册账号,但各个 App 的数据不互通,这就需要用户牢记许多组账号和密码。用户使用 DApp 则相对便捷。DApp 一般使用钱包登录,用户借助一个钱包便可以登录所有的 DApp。钱包是用户使用 DApp 的唯一凭证,用户能够完全掌握自己账号的数据。

3. DApp 可以使用户获得收益

用户使用传统 App 时往往是贡献收益的一方,很难获得 App 产生的收益,但在 DApp 中,用户能够通过多种模式获取收益,例如,Play to Earn、Learn to Earn 和 Drive to Earn 等。

DApp 作为 Web 3.0 的应用程序,具有去中心化、数据透明等特点,可以将用户带到更加自由的网络世界,让用户在网络世界中进行创造。

第 6 章

DeFi：重构 Web 3.0 时代金融服务模式

在 Web 3.0 火热发展的趋势下，DeFi（decentralized finance，去中心化金融）成为金融领域的热门话题，它可以重构 Web 3.0 时代的金融服务模式。下文将围绕 DeFi 的基础知识、典型应用和作用展开叙述，深入揭示 DeFi 的奥秘。

6.1 DeFi 初探

DeFi 是 Web 3.0 时代的一大金融创新，具有发展潜力。DeFi 能够借助区块链、智能合约等技术实现金融服务的去中心化，给金融领域带来颠覆性变革，有助于构建去信任、高效的金融生态系统。

6.1.1 DeFi：开放式的去中心化金融

DeFi 能够给传统金融带来突破性的变革，赋予用户掌握自身资产的权利，以开放式的去中心化金融拓展金融市场的边界。

DeFi 致力于在没有储蓄、保险、借贷等中心化实体的情况下，重构金融服务体系，为全球用户提供开放式的金融替代方案。经过不懈的探索与发展,DeFi衍生出许多金融新玩法,如借贷平台、支付平台、预测市场、稳定币等。DeFi将传统金融搬进区块链网络中,相较于传统金融,DeFi具备安全、便捷、无地域限制等优势。用户只要有网络连接设备,就能够随时随地享受金融服务。DeFi主要具有四个特征,如图6-1所示。

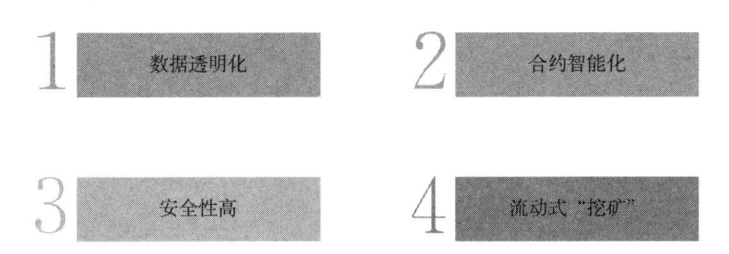

1 数据透明化	2 合约智能化
3 安全性高	4 流动式"挖矿"

图 6-1　DeFi 的四个主要特征

1. 数据透明化

DeFi往往在去中心化交易所通过智能合约进行交易,用户获得的资产都存储在自己的钱包中。去中心化交易是一种点对点的交易方式,能够使交易更加真实、可靠,并且可以在区块链上自动执行,这种交易方式可以避免假币、数据砸盘的情况发生,为用户的交易安全提供保障。

2. 合约智能化

DeFi产品具有广泛性,能够为遍布全球各地的用户参与金融活动提供点对点式平台,如交易、贷款、消费等平台,用户在参与金融活动时不再依赖政府和银行等中介机构。DeFi产品能够通过智能合约自动处理交易,DeFi在自动化执行和交易处理效率等方面具有其他处理方式所不具有的优势。

3. 安全性高

传统的中心化交易具有许多不可控因素,存在巨大的交易风险。中心化交易所的风险性给用户带来恐慌,而去中心化交易所能够使用户将资产直接提取到自己的钱包中,同时能够托管用户资产并进行清算,使交易结果直接上链,确保用户资产的安全性。

4. 流动式存储

DeFi 流动式存储指的是用户将资金存储在智能合约中以获取利息。DeFi 流动式存储能够带动全体用户参与,即便是普通用户也可以通过存储数字货币获得利息,在确保风险可控的情况下获得更多赚钱机会。

目前,DeFi 还处在发展阶段,具有较大的发展潜力。随着时间的推移,DeFi 的用户将呈指数级增长,越来越多的 Web 3.0 工具也将涌入这一领域,为构建新型去中心化金融体系提供助力。

6.1.2 去中心化金融有何特色

用户在日常生活中,仍是以中心化的传统金融系统为主体。虽然传统金融为用户提供了相对完善的服务,但仍存在许多缺陷,去中心化金融便是在这样的背景下产生的。与传统金融相比,去中心化金融更加灵活,交易活动与交易方式具有极强的创新性与创新能力。去中心金融的特色主要体现在五个方面,如图 6-2 所示。

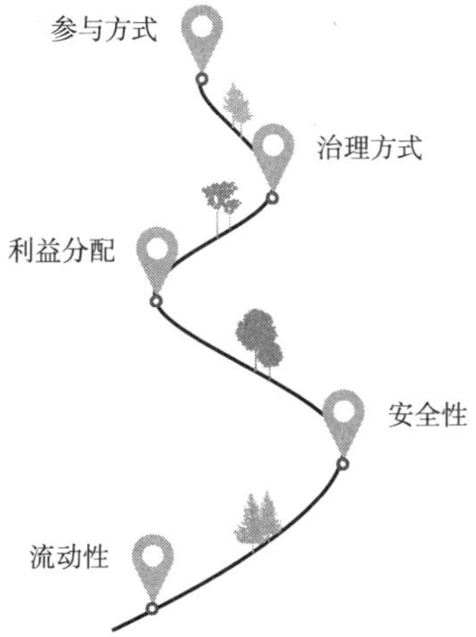

1. 参与方式

传统金融需要借助中心化机构开展服务,例如,利用银行进行借贷、通过投资机构进行股权交易等。去中心化金融无须第三方中介,而是通过智能合约让用户直接交易。去中心化金融借助去中心化的应用平台实现资源整合,在免除第三方中介的情况下提供交易所需要的市场流动性。

2. 治理方式

在传统金融领域,金融活动必须接受权威机构的审批与监督,以形成市场公信力。在去中心化金融领域,其借助

图 6-2 去中心化金融的五大特色

代码开源与多方治理模式形成了市场公信力,而且相关的治理制度以及财务等资料是公开、透明、可查询的,保障了参与去中心化金融的用户的利益。

3. 利益分配

大部分传统金融机构以盈利为主要目的,只有以股东价值最大化为目标进行经营,股东才有机会获得理想回报。去中心化金融平台大多是为了满足市场需求而建立,平台参与者均有机会获得理想回报。

4. 安全性

在传统金融中,交易机构可能会被攻击,用户个人信息会泄露,利益遭受损害。在去中心化金融中,区块链会记录所有的交易信息,并做到透明、公开,用户使用的姓名是假名,能够保障个人信息安全。

5. 流动性

传统金融的流动性比去中心化金融的流动性更大。虽然去中心化金融仍处于发展中,但比传统金融的规模更大,发展空间十分广阔。

以太坊的拥堵问题会阻碍去中心化金融的发展。如果网络出现拥堵,交易费用会有所增加,交易处理时间也会延长。

传统金融与去中心化金融各有利弊,但从长远发展来看,去中心化金融能够解决传统金融交易中的许多问题,将逐渐超越传统金融。尽管去中心化金融有许多弊端,但其价值体系仍值得用户探索。

6.2 DeFi 典型应用梳理

DeFi 发展迅速,涌现出了许多不同类型的应用,其典型应用主要分为三类,分别是:能够提高交易效率的 DeFi 交易;实现点对点借贷的 DeFi 借贷;基于智能合约的保险协议 DeFi 保险。随着技术的进步与应用场景的进一步拓展,DeFi 将会为金融行业带来更美好的未来。

6.2.1　DeFi 交易:提高交易效率

DeFi 交易是一种去中心化交易,与中心化交易有着本质上的区别。中心化交易需要个人或企业管控的平台充当中介进行交易,而去中心化的交易仅需通过智能合约进行交易,省去了中介的角色,有效降低了成本,使交易更加透明、开放。

在中心化交易所中,用户资产的实际控制权不在用户手中,用户在账户里看到的资产金额只是交易所给的资产凭证,而资产实际上被中心化交易所控制,因此,中心化交易所相当于交易过程中的中介,存在很大的安全隐患,不利于资产直接、快速地流通。曾发生的多起用户资产在交易所中被挪用的事件和黑客对中心化交易所的袭击事件都表明中心化交易所具有不安全性。

而在去中心化交易所中,用户无须借助第三方平台注册账户,只需通过钱包地址便可自由交易,用户的资产相对安全。去中心化交易所的交易在区块链上完成,用户能够通过区块链浏览器监督每笔交易,而且每一笔交易记录都是公开透明的,用户不用担心资产被操控。去中心化交易模式实现了交易的去托管,使资产流通更加安全、快速。

在去中心化交易所中,用户的资产在自己的钱包里,不被托管机构所控制,用户掌握资产的所有权和绝对控制权。去中心化交易所使资产交易实现了点对点的连接,极大地提升了资产流通的安全性和效率。

6.2.2　DeFi 借贷:实现点对点借贷

DeFi 借贷能够为用户提供更多便利。在传统金融领域,如果用户进行借贷,需要通过银行、借贷机构等中心化机构申请贷款,但用户申请贷款的流程相对复杂,需要经过身份、信用和贷款偿还能力等方面的审核。

在 DeFi 的助力下,借贷十分简单,去中心化借贷不需要中心化机构担任中介,通过智能合约就可以完成借贷。用户只需要提供抵押品,无须透露身份信息,也无须提供各种材料,就可以轻松获得贷款。同时,用户也可以放贷,只需要在流动池内注资便可获得利息。DeFi 去中心化借贷还能够提供比传统金融借贷更高的收益率。

去中心化借贷省去了传统金融借贷的层层审批程序,使得借贷过程更加快捷、高效,为用户带来了更多收益。去中心化借贷发展火热,诞生了许多知名项目,如 Compound(一个区块链银行)、Aave(一个加密货币领域的去中心化借贷平台)等。

Compound 是一种允许用户抵押加密资产进行借贷的货币市场协议。用户可以将自己的资产存入流动资金池以供他人借贷,获得的利息由提供资产的用户共享。用户将资产存入流动资金池后,Compound 会向他们发放 cToken(Compound 中的代币)作为交换。

用户获得利息后,可以按照一定的汇率利用 cToken 兑换。用户的汇率由资产获得的利息决定,随着时间的推移不断增加。用户持有 cToken 后,仅通过汇率的变化就可以获得利息。

Aave 是一个去中心化的借贷系统。用户可以成为存款人、借款人,还可以将资产存入 Aave 资金储备池中赚取利息。如果用户拥有一定的抵押品,还可以从资金储备池中获得借款。

DeFi 的火热发展表明其有无限潜力,而借贷则是 DeFi 持久发展的助推器。未来,DeFi 领域将诞生更多和 Compound、Aave 一样优秀的项目,为用户带来更多惊喜。

6.2.3 DeFi 保险：基于智能合约的保险协议

DeFi 保险是一种去中心化保险。在去中心化的交易中，如果智能合约存在漏洞，就可能给用户带来损失，因此，需要 DeFi 保险为金融交易保驾护航，使用户放心参与交易。

去中心化保险是 DeFi 框架下的金融产物之一，其能够基于强制自动执行且不可篡改的智能合约生成更为安全的保险协议，为数字资产市场提供充分的保护。相较于保险公司的集中式系统，去中心化保险允许用户购买金融产品的保险或通过提供保险服务来获取利益。从本质上来看，去中心化保险是对资产漏洞的弥补和保护，因此，去中心化保险对于用户的投资和交易来说是更为安全的。当下提供去中心化保险服务的项目主要有 Nexus Mutual、Opyn（一种能够创建和交易期权的协议）等。

以去中心化保险龙头项目 Nexus Mutual 为例，Nexus Mutual 是建立在以太坊区块链网络上的互助保险项目，也是区块链生态中首个智能合约保险项目。Smart Contract Cover（智能合约保险）是 Nexus Mutual 项目的第一款产品，主要针对智能合约的安全问题，即对用户因项目代码问题而产生的损失进行理赔。

在评估机制上，Nexus Mutual 采取去中心化风险评估，即引入评估师，以公平公正的方式处理复杂案例。评估师通过质押的方式获得评估资格后便能够参与相关事项的判决，并为智能合约背书。需要注意的是，目前，Nexus Mutual 只针对智能合约保险进行承保，也就是说，只有由智能合约漏洞而引发的资产损失才能进行理赔。

去中心化借贷和去中心化保险能够为用户提供更加便捷、透明、安全的金融服务，二者的发展将构建更加稳固的 DeFi 应用生态。

6.2.4 稳定币：在去中心化金融中扮演重要角色

稳定币是加密数字货币之一，也是 DeFi 应用生态中的主要应用之一，同时,其还是去中心化金融交易中的主要流通货币。当下,稳定币技术迭代迅速,模式层出不穷,市值和流通量剧增。稳定币作为数字货币中的创新产品,在一定程度上影响着全球金融格局的稳定。

稳定币的主要特征之一是可以在全球范围内流通且具有相对稳定的价值。稳定币能够与目标价值保持稳定,已被金融领域广泛接受。稳定币不依赖任何国家政府或银行等中心化机构,能够充当数字货币交易的去中心化金融媒介,发挥桥梁和纽带作用,规避交易风险。稳定币能够在无须信任的情况下为国际交易提供点到点的低成本支付和转账渠道。稳定币将加密数字货币与传统金融市场连接,竭力为去中心化金融服务,解决了加密数字货币的交易风险和不稳定等问题。

链上稳定币是稳定币的主要形态之一。链上稳定币也被称为抵押型稳定币,主要通过加密数字货币的抵押实现去中心化的金融交易。以稳定币Dai为例,Dai的价格十分稳定,可以用于去中心化的杠杆交易。Dai能够借助DeFi的智能合约系统进行抵押、发行、赎回和风险控制。如果用户超额抵押了一定量的数字货币,智能合约系统就会依据抵押机制和抵押比例为用户发放相同比例的Dai,这大幅提升了金融交易的透明性和安全性。

稳定币不仅是去中心化金融交易过程的价值尺度,也是传统金融与去中心化金融之间交易的信心来源。在不久的将来,稳定币将为加密货币生态带来历史性的变革。

6.2.5 腾讯:反哺三大区块链产品

腾讯作为国内头部科技公司,一直致力于探索区块链产品,并取得了初步成果。

2021年11月,腾讯召开了"数字生态大会"。在会议上,腾讯宣布将对云区块链进行战略升级,基于长安链进一步进行"云链结合"的深入布局,助力数字经济的发展,打造数字经济新生态。腾讯云升级后发布了三个区块链产品。

1. 腾讯云区块链服务平台 TBaaS(tencent blockchain as a service)

腾讯云区块链服务平台 TBaaS 是一个方便快捷的区块链服务平台,为用户提供一站式服务。此次升级后,除了 Fisco BCOS(万向区块链)、HyperLedger Fabric(超级账本结构)等 TBaaS 平台已经搭载的区块链引擎外,TBaaS 平台还能够优先集成长安链底层引擎,为用户提供管理长安链的能力。

完成升级的 TBaaS 平台拥有保护用户隐私安全、实现跨地域联通等功能,并在多个方面进行了升级:在管控上,可以对生命周期进行一站式可视化管控,节约了大量人力成本;在建链方面,具有多种建链形态,用户可以根据自己的需求灵活选择;在应用方面,已经在生物、能源、农业等行业落地,具有完善的解决方案。

未来,TBaaS 平台将探索更多的长安链示范应用方案,实现应用标准化、场景规模化和生态产业化,满足用户在不同场景的需求,并将研究经验推广至全行业,实现全行业共同发展。同时,TBaaS 平台也会不断提升自己的基础能力,强化数字化基因,提供更加简便易用的服务。

2. 腾讯云区块链分布式身份服务 TDID(tencent cloud decentralized Identity,分布式身份)

区块链业务应用的上限由用户身份的使用模式决定。腾讯最新发布的腾讯云区块链分布式身份服务 TDID 能够为用户、企业、物品等验证身份,这一功能也标志着区块链分布式身份技术应用范围从用户延伸到物品。用户可以通过腾讯云区块链分布式身份服务 TDID 安全地在互联网发送现实世界的凭证。

腾讯云 TDID 身份标识技术的发展,为互联网进行身份识别和数据交换提供了信任基础。用户进行信息授权后,可以通过身份服务节点决定身份信息的存储和应用,实现了身份的可移植性,这种链接万物的方式有利于打破数据壁垒,实现交易信任。

腾讯云区块链分布式身份服务 TDID 的应用场景十分广泛,可应用于教育培训、金融服务、医疗保险等行业。用户生活中常见的服务背后,都离不开底层技术的支持。

3. 至信链元商品协议

在腾讯数字生态大会上,腾讯发布了至信链元商品协议,表明其正深入探索数字文创商业化的解决方案。至信链元商品协议是一种依托区块链、支持用户进行非同质化资产交易的服务协议,能够为用户的数字化资产的唯一性提供保证。近几年,腾讯云至信链在版权、金融等领域的服务成效显著。截至 2021 年,至信链存证量已达到 1.5 亿个。

目前,腾讯已经具备成熟的至信链元商品协议服务能力,并在多场景落地应用。例如,2021 年,腾讯音乐在 QQ 音乐平台发布了首批"TME 数字藏品";敦煌研究院根据元商品协议发布了 9 999 枚 NFT,用于进行公益活动。

腾讯云区块链产品以长安链为基础进行升级,助力区块链的持续发展。未来,腾讯将持续深入布局"云链结合",与合作伙伴共建长安链。

6.3 DeFi 助力实现普惠金融

DeFi 作为一种变革金融领域的力量,致力于使所有用户都能享受金融平台服务,实现普惠金融的愿景。为此,许多企业积极发展普惠金融,希望能够抢占先机，获得红利。

区块链技术的不断发展使得 DeFi 的应用场景进一步拓展，DeFi 有望实现金融服务的普及与创新，为用户提供安全、高效的金融解决方案。未来，DeFi 主要有以下三个发展趋势：

1. 现实世界资产释放流动性

现实世界资产(RWA, real world assets)是一种可以上链交易的代币，代表着现实资产。许多企业借助现实世界资产获得了贷款，现实世界资产也通过在链上流通释放了大量流动性。

例如，MakerDAO 是一个建立在以太坊上的去中心化抵押贷款平台，其与 HVB(huntingdon valley bank，亨廷顿谷银行)展开合作，支持现实世界资产作为抵押物进行贷款，这是一次传统中心化机构与 DeFi 相结合的尝试，消除了许多传统金融模式中的限制。未来，这种合作可能越来越多。

2. 大力发展 Layer-2(第二层)扩容和 ZK 技术

用户不断增长的应用需求是对区块链可扩展性的极大考验，为了提高区块链的可扩展性与性能，满足用户的多样化需求，Layer-2 扩容和 ZK (zero knowledge，零知识证明)技术成为 DeFi 开发人员重点关注的技术。

Layer-2 指的是基于底层区块链的网络、系统或技术，扩展底层区块链网络。部分区块链选择牺牲可扩展性以保障去中心化和安全性，而 Layer-2 可以应用于这类区块链，提高交易效率，降低交易成本。

ZK 技术可以保护用户的隐私信息，提高区块链网络的可扩展性。如果用户想要在不暴露资产来源的情况下证明自己拥有某项资产，可以运用 ZK 技术，避免交易透明所引发的信息泄露风险。如果某个区块的验证时间过长，ZK 技术可以将验证过程改为由一人验证并生成证明，网络中的其他人核验该证明即可，这样可以节约验证时间，提高验证效率。

第6章 DeFi：重构 Web 3.0 时代金融服务模式

3. 更加关注安全与合规

在区块链快速发展的过程中，安全问题层出不穷。51%算力攻击、芬尼攻击等恶意攻击，智能合约、共识机制等底层技术安全问题，引发了较高的监管风险，阻碍了区块链的进一步发展。

区块链技术应用和发展的前提是合规。我国在区块链合规监管方面出台了一些法律法规，加强了对区块链技术应用的监管，保障区块链上的交易活动合法合规。在安全技术方面，区块链使用了身份认证、程序验证等技术，为用户营造了安全的使用环境，满足区块链监管的要求。未来，有关部门将持续加强对区块链的监管，促进区块链在合法合规的情况下持续发展。

DeFi 朝着一个光明的方向发展。作为金融领域的新赛道，DeFi 的未来发展离不开自身与监管部门的共同努力。

第 7 章

NFT：助力 Web 3.0 数字资产确权与价值创造

NFT 能够助力 Web 3.0 数字资产确权与价值创造。NFT 能够保障用户数字资产所有权，为用户提供数字资产所有权的证明，使用户完全掌握个人数字资产。NFT 是 Web 3.0 的重要组成部分，用户需要对其简介、典型应用等方面进行了解，以更好地享受 NFT 给自己的生活带来的便利。

7.1 NFT 初探

近年来，NFT 的热度持续飙升，交易市场十分火爆，这是出于什么原因呢？NFT 作为具有唯一性的数字权益凭证，用途十分广泛。下面我们将一步步揭开 NFT 的神秘面纱，帮助用户全方位了解 NFT。

7.1.1 NFT：具有唯一性的数字权益凭证

NFT 作为一种新奇事物，本质并不复杂，即利用一系列的编码锚定被拆分的权益。NFT 具有唯一性、可验证性和不可篡改性等特性，能够证明用户数字资产的所有权，这些特性使其可以用于艺术品、游戏等领域，成为一种产品。由于每一个NFT都是唯一的,因此拥有了NFT就意味着拥有了其锚定物的价值。同时,NFT可以将锚定物的相关权利、交易信息等记录在智能合约中,并在区块链上生成一个无法篡改的唯一编码。

当前,人们已经在互联网上创造了海量的数字内容,但这些数字内容很难被合理地定价并交易。而一旦数字内容与NFT绑定,人们所拥有的数字资产将会呈指数级增长,同时,数字资产的流通门槛也会大幅降低,这意味着,随着海量数字内容转化为数字资产,数字资产交易将蓬勃发展。

此外,NFT还可以维护创作者的权益。对于创作者来说,内容的确权十分重要。如果内容的所有权具有不确定性,那么创作者就难以通过创作获得收益,UGC(user generated content,用户生成内容)也将失去活力。而NFT对数字资产的确权能够解决数字资产流通的版权问题,激发创作者在数字世界创作的积极性。

7.1.2 NFT三大协议标准

NFT底层协议标准是一种能够依靠区块链决定NFT属性和自由转移能力的共识依托。不同的底层协议,功能有所不同。常见的NFT底层协议标准主要有三个,如图7-1所示。

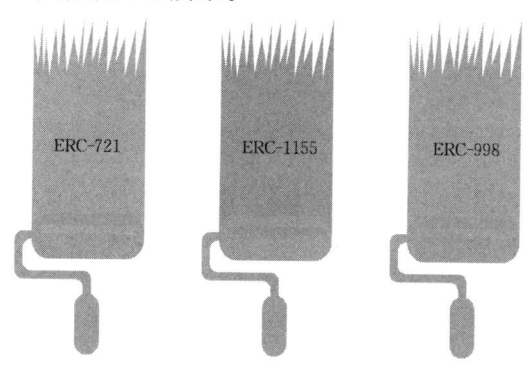

图7-1 NFT三大底层协议标准

1. ERC-721（ethereum request for comments-721，以太征求意见提案721）

ECR-721是最早的底层协议标准，通常用来签发NFT项目。ERC-721的创建者是Dieter Shirley（迪特尔·雪莉），是针对NFT数字资产的第一个标准，主要应用于CryptoKitties、Decentraland等项目。

ERC-721具有保障其协议下的资产的安全性、所有权转移的便捷性、所有权的不可篡改性等优势。除此之外，ERC-721还可以推动真实资产的交易与管理。随着游戏数字资产不断增加、新兴技术不断发展，搭载区块链技术的ERC-721协议能够持续发展，拥有光明的未来。

2. ERC-1155

ERC-1155是由Enjin（恩金）公司创建的，是一种允许一个智能合约处理多种类型代币的底层协议标准。与其他底层协议标准相比，ERC-1155允许跨链兼容。ERC-1155打破了用户的资产只能在以太坊区块链上使用的规则，使用户的资产与其他生态系统兼容，实现跨链操作。

ERC-1155是一种更具体的代币标准，在该标准下，任何资产都可以被销毁，这使得代币具有稀缺性。

3. ERC-998

ERC-998是一个具有可持续发展性的底层协议标准，其允许用户创建可以合成的代币，以及拥有另一数字资产的数字资产。

从ERC-721到ERC-998，三种底层协议标准的功能实现了逐步升级，为NFT功能的完善提供了助力，有助于实现NFT多场景应用。

7.2 NFT 典型应用梳理

NFT 的应用范围较为广泛：能应用于艺术品，打造数字藏品；应用于游戏与金融领域，实现 GameFi（游戏化金融）；应用于用户身份，为用户虚拟身份提供标识；应用于数字社区，作为通行证。各种类型的项目层出不穷，促进了 NFT 市场的繁荣。

7.2.1 NFT 数字藏品：将艺术品上链

NFT 数字藏品逐渐成为一种全新的时尚潮流，引发了许多用户的关注。NFT 数字藏品为何如此火热？

NFT 数字藏品存储于区块链上，也就是"上链"。"链"指的是区块链，这是 NFT 能够获得迅速发展的根源。每个 NFT 数字藏品都能够存储在特定的区块链中并标有唯一的序列号，具有不可分割性与唯一性。有了 NFT，许多产品都可以在链上被永久存储，并具有可追溯性。

NFT 数字藏品的种类十分丰富，包括但不限于艺术品、游戏、音乐、电影、文物等各种形式，甚至门票、潮玩、动画、香水、表情包也可以成为数字藏品。例如，2022 年 10 月，知名运动品牌 Kappa（卡帕）宣布与数字藏品俱乐部"疯狂食客"联名发行新产品。

"疯狂食客"俱乐部是由元智创艺打造的本土原创数字艺术品集合品牌，旗下拥有"疯狂食客""原始立方"两个数字艺术品品牌。"疯狂食客"俱乐部以对标 BAYC（Bored Ape Yacht Club，无聊猿游艇俱乐部）为目标，致力于打造本土的 NFT 头像。此次与 Kappa 联名，使衣服成为数字藏品，带给用户新奇的体验，获得了许多用户的正向评价。

再如，NBA（National Basketball Association，美国职业篮球联赛）球员

的精彩瞬间也可以成为数字藏品。NBA Top Shot(NBA 顶级球员)是一款由 Dapper Labs(戴普实验室)与 NBA 合作推出的依托区块链的卡牌收集游戏。NBA Top Shot 发布球员卡 NFT,上面记录了球员的精彩瞬间。用户购买后,便拥有球员卡 NFT 的所有权。例如,在 2021 年的全明星赛上,球员库里投篮后不看篮筐的动作十分经典,于是,库里的球员卡就以这个时刻为核心进行设计,供用户收藏。

球员卡 NFT 分为三种:common(普通)、rare(稀有)和 legendary(传奇),其价格根据球员、稀有度和编号决定。用户可以以开盲盒的形式购买,以信用卡的形式进行结算。如果在限定时间内没有抽到想要的球员卡 NFT,用户可以与其他拥有者交易,获得心仪的球员卡 NFT。同样,用户也可以出售自己不喜欢的球员卡 NFT。

得益于 NBA 球员强大的号召力,NBA Top Shot 吸引了众多不关注 NFT 的球迷入驻。未来,Dapper Labs 团队将会开发更多功能,使 NBA Top Shot 更具可玩性。

NFT 数字藏品如此火热,得益于其具有独特的价值。NFT 数字藏品的核心价值主要有三个,如图 7-2 所示。

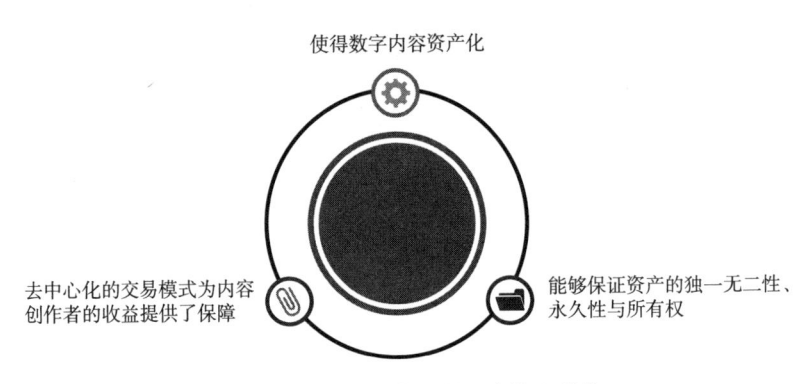

图 7-2　NFT 数字藏品的三个核心价值

（1）使得数字内容资产化。在 Web 2.0 时代，用户仅拥有数字内容的使用权，无法拥有数字内容的所有权。数字藏品的出现使得用户可以拥有数字内容的所有权，拓宽了数字资产的边界，数字资产不再局限于电子货币的形式，任何用户能够联想到的独特性资产都可以成为数字藏品。

（2）能够保证资产的独一无二性、永久性与所有权。数字藏品永久存在，不会因为平台消失而消失。

（3）去中心化的交易模式为内容创作者的收益提供了保障。数字藏品的交易由智能合约自动执行，避免了中心化平台的抽佣分成，创作者能够持续获得创作收益。

NFT 对数字藏品的发展作出了极大的贡献，未来，NFT 与数字藏品的结合将会产出更多成果，给用户带来更多新鲜感。

7.2.2　GameFi：NFT 成为重要道具

Web 3.0 时代涌现出许多新概念，其中一个便是 GameFi。GameFi 指的是游戏化金融，它实现了传统游戏产业与 DeFi 和 NFT 技术的结合，能够为用户带来新奇的体验。GameFi 的出现使得用户能够在区块链上进行游戏，并在 NFT 的支持下对数字资产进行确权，游戏中的道具都具有唯一性和不可篡改性。NFT 作为 GameFi 的底层技术支撑，能够赋予用户对游戏道具的所有权，实现游戏道具在各个游戏之间的流转。

Play to Earn（边玩边赚）模式是游戏与金融结合的 GameFi 的一种表现形式，而 GameFi 体现了虚拟空间经济体系的雏形。随着元宇宙的发展，GameFi 领域迎来了爆发，出现了一些新奇的 NFT 游戏，其中，*Axie Infinity* 就是十分火爆的一款 NFT 游戏。

Axie Infinity（阿蟹）是基于虚拟宠物的 NFT 游戏，融入了多样的玩法。玩家在购买了虚拟宠物 Axie 后，可以饲养并繁殖新的 Axie，或者通过其参与

战斗。战斗模式和繁殖模式是推动游戏经济体系不断运转的核心。在战斗模式中，玩家可以操控 Axie 进行战斗，以获取 SLP 光滑游戏资产代币和 AXS 游戏治理代币。在繁殖模式中，玩家可以通过两只 Axie 的配对得到新的 Axie。

为了实现 Play to Earn 模式，*Axie Infinity* 搭建了完善的经济体系。玩家可以通过战斗、繁殖或参与关键治理投票等获得游戏代币，也可以出售游戏代币获得真实的收益。在这个闭环的经济体系中，有游戏代币的产出渠道，也有赚取收益的渠道，极大地激发了玩家参与游戏的积极性。

此外，在 Play to Earn 模式的启发下，有的企业积极创新，开创了 Move to Earn 模式，即通过运动赚钱。例如，StepN 是一款将跑步与赚钱相结合的 NFT 游戏，由一家澳大利亚游戏开发商开发，该游戏的开发团队是 Find Satoshi Lab，其内部成员大多有多年团队管理经验和游戏开发经验。该团队开发 StepN 这款游戏，是为了提倡碳中和的生活方式，使用户在保持健康的同时助力环保事业的发展。

在 StepN 游戏中，用户需要购买 NFT 运动鞋，然后通过户外步行、慢跑和快跑等运动模式赚取游戏通证（GST，Green Satoshi Token），获得奖励。StepN 上架了 4 款跑鞋，分别为 Walker（步行者）、Jogger（慢跑者）、Runner（赛跑者）和 Trainer（训练师）。用户通过每一款跑鞋获取游戏通证的难度与效率都不同。

用户可以下载 StepN App，在其中能获知 NFT 运动鞋交易的信息。即使最便宜的 NFT 运动鞋，也需要 800 美元左右，这意味着用户想要加入 StepN 这款游戏，至少需要支付 800 美元。

GameFi 不仅为用户提供了一种新奇的区块链游戏模式，更深层的意义在于其打破了虚实界限，为用户提供了一个窥探数字世界的窗口。随着虚拟技术的发展，GameFi 有更大的发展空间。

7.2.3 身份NFT：为虚拟身份提供标识

技术带领用户进入数字化时代，元宇宙作为数字化时代的一部分，得到快速发展。元宇宙是一个虚拟空间，用户在其中可以自由地参与活动与社交。在元宇宙中，用户需要借助虚拟身份进行社交，而身份标识十分重要。

能够进行身份识别是一个具有强社交属性的项目应具备的基本特征，而NFT的唯一性、不可复制性和相对简单的架构正好符合这一要求。

在NFT技术的帮助下，每个用户都能够拥有独特的属性和身份信息。NFT可以将个人信息存储于区块链中，用户可以掌握个人资料，实现去中心化存储，这对于拥有大量用户的元宇宙十分有益，可以兼顾信息安全与去中心化。

当前，NFT的底层技术架构还未完善，相信在未来，NFT可以凭借它的特有属性，在多个领域发挥作用。

7.2.4 NFT通行证助力数字社区搭建

NFT通行证可以助力数字社区的搭建，具体体现在两个方面：一方面，NFT可以为数字资产确权的特性有助于提高数字社区的活跃度，能够鼓励用户在数字社区积极参加活动；另一方面，NFT可以作为数字社区的通行证，为用户提供身份认证服务。

例如，连锁咖啡品牌星巴克推出了Web 3.0平台Starbucks Odyssey（星巴克奥德赛），建立以咖啡为中心的数字社区。Starbucks Odyssey平台是星巴克的一次尝试，星巴克计划将"星巴克奖励忠诚度计划"与NFT平台相结合，给予用户全新体验，提高用户的忠诚度。

星巴克对于Starbucks Odyssey平台的打造十分用心，他们邀请了资深设计师亚当·布罗特曼作为顾问。同时，星巴克选择将NFT作为用户进入数字社区的通行证，以吸引更多的用户进入Starbucks Odyssey平台。作为星巴克进军 Web 3.0 的全新平台，Starbucks Odyssey 具有三大优点，如图 7-3 所示。

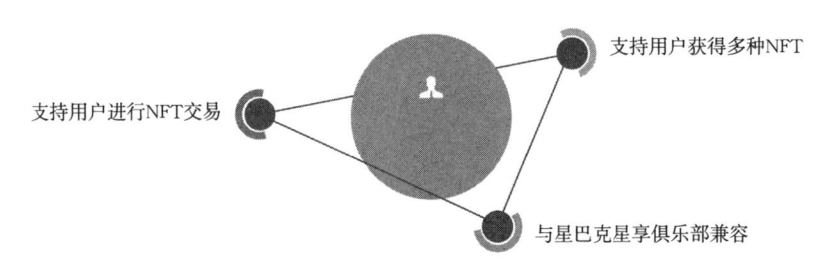

图 7-3　Starbucks Odyssey 的优点

1. 支持用户获得多种 NFT

用户可以在 Starbucks Odyssey 平台上获得"旅行印章"与"限量版邮票"两种 NFT。用户可以通过参加 Starbucks Odyssey"旅程"系列活动获得"旅行印章"NFT。例如，用户可以参加不同门店举办的活动、品鉴不同门店的咖啡等，通过旅程打卡，获得"旅行印章"NFT 奖励。星巴克希望通过这一功能加深用户对星巴克的了解，提高用户对星巴克的认可度，实现用户转化。

"限量版邮票"NFT 需要用户通过 Starbucks Odyssey 平台的内置市场购买。用户购买时无须使用 Web 3 常用的加密钱包，用信用卡就可以完成支付，这种方式降低了用户的购买门槛，更容易吸引用户参与。

2. 支持用户进行 NFT 交易

星巴克发行的每个 NFT 都是独一无二的，都可以在区块链上确定其所有权。星巴克发行的 NFT 可以在用户之间交易。用户获得的 NFT 越多，积分就越多。用户可以使用积分参加星巴克组织的活动，如获得星巴克限定商品、参加星巴克烘焙工厂举办的活动、体验虚拟咖啡制作课程等。

3. 与星巴克星享俱乐部兼容

Starbucks Odyssey 与星巴克星享俱乐部兼容，星享会员可以同步登录 Starbucks Odyssey 并参与活动。

NFT作为数字社区的通行证,整合了身份证明、银行账户、社交身份等功能,既方便用户参与活动,又可以吸引更多用户。未来,将会有更多企业尝试使用NFT作为数字社区的通行证。

7.3 NFT与Web 3.0携手共进

NFT与Web 3.0的关系是相辅相成、相互促进。NFT可以为打造开放、去信任化的Web 3.0世界提供助力,使Web 2.0用户能够更快地迈向Web 3.0,而Web 3.0可以推动NFT的发展和普及。

7.3.1 NFT成为Web 3.0发展驱动力

NFT的热度持续攀升,应用领域十分广泛,包括但不限于艺术品、游戏、音乐等。NFT的发展为Web 3.0的崛起提供了助力,NFT与Web 3.0 "同频共振"、共同发展。NFT的发展呈现百花齐放的特点,在艺术品、游戏、投资等领域都有所发展,展现出极大的发展潜力。在NFT不断发展的同时,其也成为Web 3.0发展的驱动力,加速了Web 3.0的崛起与扩张。

NFT对Web 3.0的发展具有重要意义,具体体现在以下两个方面:

1. NFT能够利用非同质化特性验证用户身份

Web 3.0时代是一个透明开放、去信任化、无须授权的网络时代。透明开放指的是开发者始终保持社区开放,每位用户都可以访问。去信任化指的是用户无须通过信任第三方进行互动,而是可以自由互动。无须授权指的是每位用户都可以进入该网络世界。

Web 3.0一直致力于打造去中心化互联网，而NFT可以为其提供助力。NFT具有唯一性与可验证性，可以解决Web 3.0世界用户身份验证的问题，使用户完全拥有数据所有权，无须担心个人资料与资产丢失。如果第三方想要查看用户的个人资料，需要经过用户的许可，否则无法通过其他方式查看。

2. NFT可以为Web 3.0世界的数字产品进行确权

在NFT市场中，一张普通的图片可能会卖出近百万元的高价，这是因为不仅拍卖这张图片，还拍卖其所有权。

在Web 2.0时代，许多用户借助中心化平台发布作品，作品出处难以得到验证，用户无法对作品进行确权，这使得作品被抄袭的事件频发，而NFT能够解决作品所有权的确权问题。在NFT的帮助下，用户可以有效避免作品被抄袭与被剽窃的问题。总之，数字所有权的确权是Web 3.0发展的关键，而NFT会让Web 3.0的发展之路更畅通。

NFT与Web 3.0"同频共振"指的是二者之间存在交集，相互影响。NFT虚拟交易市场是NFT生态系统的重要组成部分之一，其中，最知名的是Open Sea（开放海洋）。相关数据显示，截至2022年5月23日，Open Sea交易量高达1.69亿美元。

Web 3.0的重要组成部分是数字世界，从虚拟土地到虚拟房屋再到精美的虚拟工艺品，大部分用户能够在数字世界交易的财产都是NFT。从虚拟空间这个角度来看，NFT与Web 3.0实现了"同频共振"。除此之外，在区块链游戏、知识产权、实体资产等多个领域，NFT与Web 3.0都能够实现联动。

Web 3.0的发展离不开科学技术的进步，只有区块链不断深入发展，才能够更好地打造公开透明、去中心化的网络世界，而NFT作为帮助用户确权的主力，将在未来发挥更加重要的作用。

7.3.2　NFT入局三大路径

NFT的巨大发展空间吸引了许多投资者,他们纷纷对NFT进行布局,以抢占先机。对NFT感兴趣的企业或个人,可以从三个方面入局NFT,如图7-4所示。

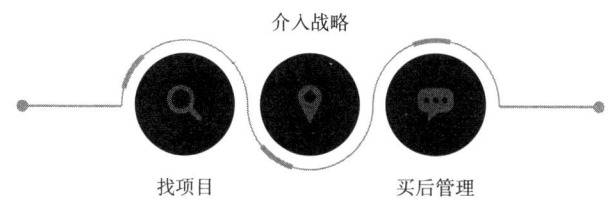

图7-4　NFT入局三大路径

1. 找项目

用户可以跟随有经验的玩家进行NFT项目投资,例如,利用Defieye(开放式金融视觉)工具关注资深NFT玩家的社交账号,以第一时间发现其高度关注的项目。

一个NFT项目在预售阶段就会消耗许多Gas(燃料,在以太坊区块链上执行特定操作所付出的成本),用户可以关注Defieye工具推送的Gas消耗列表的合约地址,一些合约地址背后是热门的NFT项目。

用户在跟随资深NFT玩家之余,也要有自己的判断。NFT市场也会释放一些投资信号,例如,头像类NFT就是一个信号。如果一些有影响力的明星、"网红"换上NFT头像,则意味着这段时间NFT市场发展良好。用户也可以积极购买以百事可乐为代表的知名品牌发布的NFT,这一类NFT的购买门槛往往不高。

用户还可以观察NFT项目售罄的时间,如果项目在短时间售罄,则证明该项目热度很高,短期内具备升值空间。

但用户也需要注意,并不是所有出现在知名NFT玩家钱包中的NFT

都有热度，一些NFT项目的开发者会将NFT赠予知名NFT玩家，营造该NFT热度很高的假象。

2. 介入战略

由于NFT具有很强的流动性，因此用户在购买时，需要放弃发行量过大、滞销的NFT，可以考虑入手发行量适中、价格合适且有明星、"网红"带货的NFT。

NFT项目的营销以"白名单＋公售"为主。白名单一般要求用户的聊天达到某个等级或者邀请一定数量的用户加入虚拟社区。如果用户十分想购买某个NFT，可以考虑加入白名单。

用户在购买时可以遵循"买双不买单"的原则，对于较为感兴趣的NFT，可以购买两个：一个在价格上涨时出售收回成本，另一个在价格下跌时留作纪念或者赠予朋友。

3. 买后管理

大部分用户购买NFT出于三点原因：一是获利，二是社交，三是收藏。用户早期购买NFT，主要以获利为主，中期依靠NFT的社交属性加入相应的圈子，后期对有价值的NFT进行收藏。

NFT收藏圈的玩家在收藏NFT时也会参考大众审美与文化，过于独特的NFT不会太热门，热门的往往是知名IP或者具有创意的NFT。

需要注意的是，不是所有NFT的版权都归属购买者，用户在购买NFT时，需要提前查找资料，版权只是NFT的卖点之一。资深NFT玩家会对NFT交易进行复盘，并找出NFT的卖点，从中总结规律，以获得更加丰厚的利润。

总之，新入门的用户想要布局NFT可以多关注资深NFT玩家的行为，学习他们的经验。同时，用户要保持头脑冷静，不可盲目跟风。

第 8 章

DAO:为Web 3.0 组织运作提供规则

DAO 是一种新的组织形态,能够借助区块链解决用户之间的信任问题。下文将会从 DAO 初探、创建 DAO 的关键点和实践探索出发,为用户详细介绍 DAO 相关知识。DAO 将会对各行各业产生深远影响,成为引领组织变革的动力。

8.1 DAO 初探

DAO 具有去中心化、自治性和安全性等特点,能够在多个方面发挥作用。下面将从 DAO 的简述和七大应用类型出发,带领用户深入了解 DAO。

8.1.1 DAO:自治的组织协同方式

1. DAO 的主要特点

DAO 的独特之处在于其能够将组织的运营规则以智能合约的形式记录在区块链中,并自动执行。由于规则对组织内每位用户都一样,因此,其具有去中心化的特点。DAO 主要有四个特点,如图 8-1 所示。

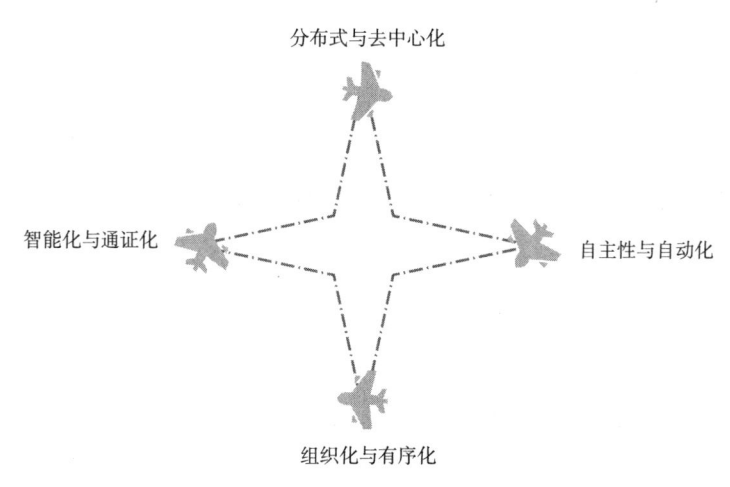

图 8-1 DAO 的四个特点

（1）分布式与去中心化。DAO 利用自下而上的网络节点之间的交互、协作实现组织目标，因此 DAO 节点与节点之间、节点与组织之间能够遵循平等、互惠互利的原则，实现优势互补、合作共赢。每个组织节点都发挥自己的优势，实现有效协作，产生强大的协同效应。

（2）自主性与自动化。理想中的 DAO，能够利用编码、编程进行管理，实现自动化。那时，DAO 的组织是分布式的，权力是分散的，组织运作不再依赖公司，而是由高度自治的社区负责。此外，DAO 由目标、利益一致的用户共同制定运营标准和合作模式，因此其内部更容易达成共识与信任，降低了组织成员之间的信任成本、沟通成本和交易成本。

（3）组织化与有序化。DAO 通过智能合约实现了运转规则、奖惩机制与用户权益的开放、透明。基于一系列高效的自治原则，参与治理的用户的权益能够得到公平分配，有贡献、付出劳动的用户能够获得相应的权利与奖励，组织内部公平公正，运转更加有序。

（4）智能化与通证化。DAO 的运行离不开先进技术的支持，人工智能、大数据、区块链等技术实现了 DAO 的协同治理，改变了传统的人工式管

第8章 DAO：为Web 3.0组织运作提供规则

理，实现了组织的智能化管理。通证是DAO治理过程中的重要激励手段，能够实现组织中各个元素的通证化、数字化，使货币资本、人力资本与其他要素资本充分融合，提高组织管理效率，实现价值流通。

2. DAO的优势

DAO的出现，改变了用户的固有想法，让用户相信未来的主要组织形式不是企业而是DAO。DAO为何具有如此大的魅力？因为其具有以下几个优势：

（1）透明度高。区块链负责保存DAO的数据，因此链上能够查询DAO的交易记录，实现了数据公开、透明、可追溯，降低了组织内部滥用职权、贪污腐败的风险。

（2）全球化。DAO的进入门槛较低，允许用户遵循普适性更强的标准规则，并且用户无须到线下集中办公，降低了地理位置对组织运转造成的影响，更有利于实现全球化。

（3）全体成员均可参与投票。DAO的全体成员均拥有投票权，可以通过投票解决他们关心的问题，或者改变某一个决策。DAO平等地尊重每一个成员，不会忽视他们的意见，并确保投票结果公平公正。

（4）规则具有不可篡改性。DAO的内部规则通过智能合约自动执行，无法随意修改。新规则的制定与旧规则的更改都需要DAO全体成员达成共识后才能进行。规则无法在没有经过投票表决的情况下被随意篡改，这样可以确保DAO治理过程的公平公正。

新鲜事物可能会引发一些质疑，虽然很多用户认为DAO的决策方式并不科学，且存在安全问题，但这是DAO在发展过程中必须面临的困难与挑战。幸运的是，DAO的总体发展处于进步状态，未来，一定会有更多新业务依托DAO运行。

8.1.2 DAO 的七大应用类型

作为一种新型组织形式，DAO 获得了迅速发展，衍生出许多类型。根据用途的不同，DAO 可以分为七大类，如图 8-2 所示。

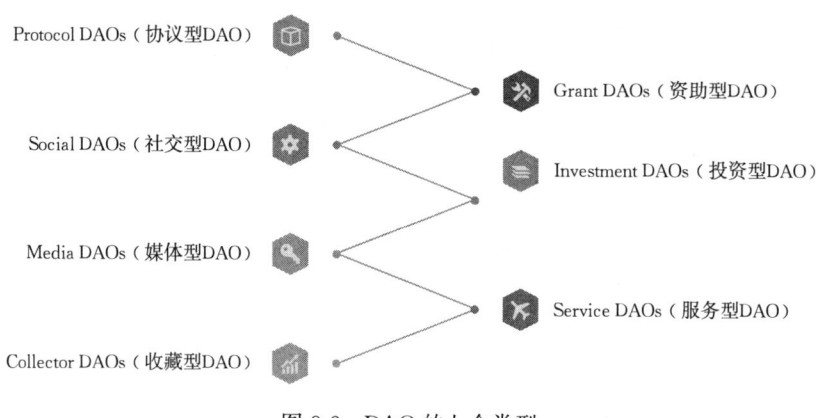

图 8-2 DAO 的七个类型

1. Protocol DAOs(协议型 DAO)

Protocol DAOs 一般用于管理去中心化协议，将管理权力从去中心化协议的核心团队转移给社区。例如，去中心化交易所、借贷 App 与其他类型的 DApp(decentralized application,去中心化应用)。典型的事例之一就是 Uniswap 成员利用通证对协议的开发运营进行投票，以对协议应该部署在哪个 Layer2 上作出决策。

2. Grant DAOs(资助型 DAO)

DAO 的最初形式是 Philanthropy DAOs(慈善型 DAO)，成员以社会效益为主要动力，不求回报。资助型 DAO 最典型的项目是 BitDAO(比特岛)。BitDAO 旨在建立去中心化的通证经济体系，为每一位用户提供公平的竞争环境。

3. Social DAOs(社交型 DAO)

社交型 DAO 更关注社会资本，认为 DAO 是一个结识爱好相近的人的最佳场所,具有排他性,渴望从人际交往中获得价值。例如,Friends With Benefits(有利的朋友)是一个专注于建立社区与培养创造力的 DAO。

4. Investment DAOs(投资型 DAO)

随着新型通证被引入协议 DAO,许多团队开始对协议 DAO 进行投资,投资型 DAO 就此诞生。投资型 DAO 专注于进行投资并获得回报,虽然比资助型 DAO 要受到更多法律限制,但是投资型 DAO 可以使一群用户聚集起来,以较低的门槛进行投资。

5. Media DAOs(媒体型 DAO)

媒体型 DAO 致力于改变流媒体上创造者与用户的互动方式,希望能够重塑传统媒体平台,使新闻与内容可以实现双向选择。例如,Decrypt(解密)是一个媒体型 DAO,成员可以通过投票来决定他们想浏览的内容。

6. Service DAOs(服务型 DAO)

服务型 DAO 更类似于人才中介机构,它将人才聚集在一起并提供服务。例如,DxDAO 和 Raid Guild 致力于将人才聚集在一起,为加密项目提供从设计、开发到营销的一站式服务。

7. Collector DAOs(收藏型 DAO)

收藏型 DAO 以收藏 NFT 为主要目的。例如,Flamingo DAO(红鹳)是一个专注于投资 NFT 的 DAO,成员致力于购买昂贵的 NFT 资产。

DAO 根据用途的不同而分为七大类型,每个用户都可以根据自己的偏好找到适合自己的 DAO,与其他成员寻求共同发展。

8.1.3　Aragon:经典的 DAO 创建平台

迄今为止最大的 DAO 创建平台非 Aragon(阿拉贡)莫属。Aragon 创立于 2016 年,以帮助企业快速创建 DAO 为主要目的,其免费为企业提供了许多技术,有效降低了企业的运营和操作成本。

Aragon作为一个经典的DAO创建平台,具有一定的创新能力,拥有强劲的增长潜力,获得了许多投资机构的青睐,其迅猛发展的原因主要有以下两点:

1. 高实用性

Aragon作为一个提供DAO创建服务的平台,自身也在实行DAO的治理模式。用户可以对社区治理提出建议,如资金该花在哪里、工程师应该拿多少工资、团队贡献怎么计算等,也可以对提案进行投票,作出自己的决策。Aragon内所有的决策流程都具有去中心化的特征。

从产品维度来看,Aragon提供了完整、开源的开发框架和用户界面工具供用户使用。同时,用户也可以自己发明全新的治理模板供他人使用。在区块链世界中,这种开箱即用的产品体验十分难得。

2. 辐射全球,降本增效

Aragon提供的每项服务都具有中心化的高效解决方案,但是将用户的所有需求都整合起来时,系统就无能为力了。例如,面向全世界成立一个为某个地区筹集物资的组织,就需要考虑募捐机构的自治、资金管理的透明性、跨境转账等问题。

成立一个慈善机构可能需要一年时间才能获得审批,管理成本高昂,但是某个用户花费几分钟和5美元就能够在Aragon上创建一个非营利性组织,募集善款。

Aragon能够解决中心化机构无法满足多种需求的弊端,并且辐射全球,帮助机构实现降本增效。

虽然愿景十分美好,但Aragon作为一颗冉冉升起的新星,仍存在不少问题。不少用户认为,去中心化和中心化都很极端,希望将秩序建立在两者之间。有的用户认为,通过区块链实现完全算法治理,是一种非常疯狂的行为。

除了外界对完全去中心化的不理解外,DAO在发展中也遇到了许多困难。治理模式多种多样。每个模式都存在优缺点,有的优缺点较为明显,有的则需要在实践中发现。没有经过验证的DAO具有一定的风险,会影响治理结果。

此外,如果扩大圈层向外传播DAO这一概念,如何对内调动用户参与治理也是一个难题。Aragon的创始人曾透露,Aragon目前只有30%的人会投票参与治理,在这种情况下,投票结果并不能体现大多数人的意志。

虽然Aragon和DAO的发展之路困难重重,但仍有许多项目在向DAO过渡,并以Aragon为引路人。未来,Aragon将持续发展,探索去中心化治理之路,为更多项目的发展指明方向。

8.2 DAO创建的三个关键点

DAO作为一种独特的组织形式,能够在去中心化的前提下实现高效管理,提高决策效率和准确性,然而,创建一个完美的DAO并不是一件容易的事情,用户可以从以下三个关键点入手,完成DAO的创建工作。

8.2.1 引起用户共鸣的共同目标

创建DAO的初衷是将一群爱好、目标相同的用户聚集在一起,让大家为了共同的目标齐头并进。即便素不相识,但只要拥有共同目标,用户便能齐心协力地完成同一个任务。

8.2.2 建立完善的决策机制

完善的决策机制是DAO平稳运行的前提。如果没有完善的决策机制，DAO 的运行效率会降低，决策的准确性没有保障，因此，DAO 必须建立完善的决策机制，为自身的发展助力。

DAO 中往往没有掌握绝对控制权的领导者，每一阶段的任务都是用户共同参与、商议决定的，而其中最关键的就是激励机制的设计，这能够保证决策机制的有效性。常见的 DAO 激励机制主要有以下几种：

1. 发放治理权

用户想要进入 DAO 的核心层，需要贡献时间和精力，当作出足够多的贡献时，用户可以申请参与 DAO 治理。DAO 的核心层主要是为了能够更高效地协调、管理 DAO 的运作。用户取得治理权意味着可以对日常事务进行决策。

这种发放治理权的方式可以使用户获得精神上的归属感，让他们觉得不再是 DAO 中的旁观者，而是参与者，从而愿意为 DAO 的发展作出贡献。

2. 发放原生通证

在成立 DAO 时，发起者可以向作出贡献的成员发放原生通证。原生通证与公司的股票、期权类似，激励作用十分明显。当通证价格上涨时，成员能够获得的权益就会随价格的上涨而增加。

3. 发放赏金

DAO 中往往会有明确的角色分工。赏金适用于任务简单且具有明确评判标准的情况。例如，Badger DAO（獾岛）就实行了赏金机制，快速推进了一个实习项目。

赏金可以应用于一次性任务，这种任务对成员的过往经验要求不高，只要求最终达到目标。

激励机制作为决策机制的一部分，可以充分调动用户参与社区治理的积极性。有效的决策机制，可以推动 DAO 实现可持续发展。

8.2.3 构建高质量DAO社区

引起用户共鸣的共同目标是DAO发展的动力,完善的决策机制可以保证DAO平稳运行,而高质量的优秀社区可以决定DAO的未来发展方向。依照用户加入时间与DAO成立时间的先后顺序,拥有高质量社区的DAO可以分为两类:前置型DAO和后置型DAO。

1. 前置型DAO

用户加入的时间在DAO成立之前的被称为前置型DAO。前置型DAO筛选用户的标准是:通过查看用户的Web 3.0账户确定用户是否有资格加入DAO。前置型DAO往往会根据用户的链上行为量化其贡献,并将其贡献折算成等额的通证,这些通证会被当作DAO治理的通证。

前置型DAO的优点是可以依靠链上行为的真实性来筛选早期的目标用户,缺点是无法在初期募集启动资金,在宣传时会受到限制。例如,OpenDAO(开放岛)想要招募活跃参与NFT交易的用户,筛选成员的标准是是否在OpenSea有过交易行为。

2. 后置型DAO

用户加入时间在DAO成立之后的被称为后置型DAO。组织者在发起DAO后,会在相应的平台进行募捐,捐款用户可以获得治理通证,但是治理通证是否拥有经济价值由DAO未来的发展决定。DAO发展得越好,影响力越大,DAO的治理权越珍贵,治理通证的价值越高;反之,治理通证的价值则会非常低。后置型DAO的优点是能够在发展初期获得一笔启动资金,缺点是会吸引一批投机者,使早期招募的成员不精准。

只要具备有共同目标、有效决策机制和高质量社区这三个要素,就能够创建一个优秀的DAO,这也是每个DAO组织者最大的愿望。

8.3 DAO 实践探索

许多实践者开始对 DAO 进行实践探索,试图以 DAO 解决更多问题。虽然 DAO 的发展之路并非一帆风顺,但关于 DAO 的实践探索却在不断深入。未来,更加完善的 DAO 模型将会出现,促进去中心化组织的发展。

8.3.1 聚焦四个问题,DAO 提供解决方案

DAO 是依据区块链理念建立的组织形态,以去中心化取代中心化,以社区自治取代管理层治理,以高度自治的社区取代公司。DAO 解决了四个问题,如图 8-3 所示。

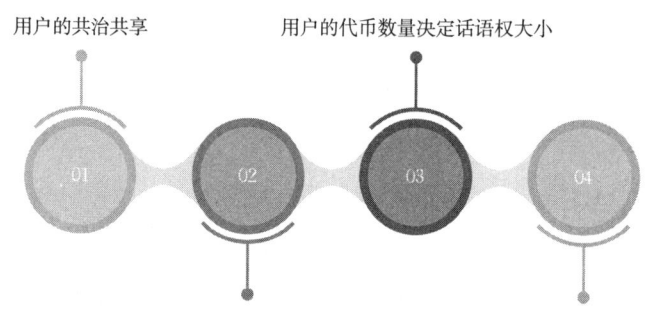

用户的共治共享　　用户的代币数量决定话语权大小

01　02　03　04

实现了任务创造价值、价值创造利益　　DAO 的运行公开透明,高度自动化

图 8-3　DAO 解决的四个问题

1. 用户的共治共享

在 DAO 中,各位用户的权利是平等的,没有领导者与管理人员,用户可以通过投票参与决策,不会出现少数用户控制整个组织的情况。

2. 实现了任务创造价值、价值创造利益

DAO 是一个任务驱动型组织,用户可以自主选择参与哪些项目,讨论项目如何完成,并在参与的项目完成后获得经济奖励。在经济奖励的驱使

下，用户十分热情地参与价值创造。在DAO中工作的用户不是员工，而是贡献者，每位参与项目的用户都能够获得成就感、参与感，并获得经济奖励。

3. 用户的代币数量决定话语权大小

DAO认真对待每一位用户，允许用户对他们所关心的问题进行投票并改变某个决策，不会刻意忽视或排除某位用户的意见。DAO中的投票具有透明性，能够确保结果的公平公正。用户的决策权大小与其所持有的代币数量多少成正比。

4. DAO的运行公开透明，高度自动化

基于区块链技术，DAO中的数据、规则具有不可篡改的特性，一切行动都被记录在链上，所有用户都可以查阅；同时，DAO又受到智能合约的制约。这从根本上避免了DAO内部的贪污腐败。同时，DAO的治理规则一旦确立，其运行就不再需要用户管理，每位用户只需要按照自己的分工完成工作即可，多劳多得。此外，智能合约自动发放奖励的机制还省去了许多人工工序，如财务申报、工作情况认定等。

DAO的出现，有效改善了组织管理者垄断控制权的局面，有望解决根深蒂固的组织管理痛点。虽然目前DAO并不完善，但是随着技术的发展，DAO会朝着更好的方向发展。

8.3.2 布局DAO需遵循的四大原则

布局DAO需要遵循四大原则，如图8-4所示。如果DAO遵循了这些原则，其就能够朝着去中心化的方向越来越近。

1. 倾听社区的声音

创始人应该确保来自社区的建议能够被倾听与理解，这比社区治理与投票提案更重要。

2. 投资正确的方向

大多数DAO是全球化社区，创始人可以将资金用于打造可扩展的通

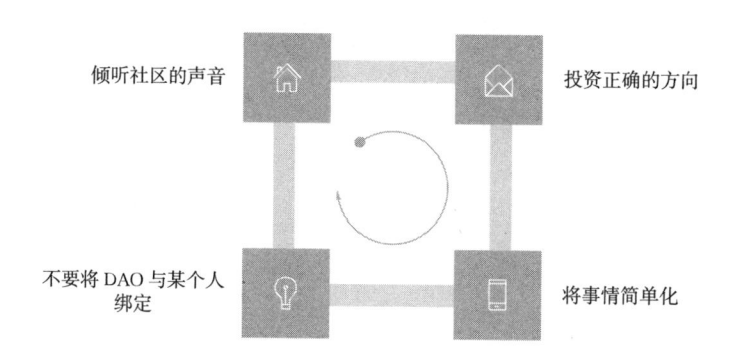

图 8-4　布局 DAO 需遵循的四大原则

信平台,以支持多种语言与内容媒介。

3. 将事情简单化

Fire Eyes(火眼,一种 DAO)是创始人从实际需要出发而创建的,虽然理想远大没有错,但是走一条缓慢、坚定的道路比一次完成所有事情更容易成功。

4. 不要将 DAO 与某个人绑定

虽然 DAO 中仍存在等级制度,但是尽力避免单一的声音很重要。在 Alterrage(一种 DAO)中,整个组织没有单一的领导者,而由七个不同的部门负责核心业务。

每个进入 DAO 的用户都对 DAO 充满期待,虽然目前 DAO 还存在一些争议,但时间可以证明 DAO 是否会在将来成为主流的组织形式。想要布局 DAO 的主体应积极行动,以获得更多发展机遇,在这一领域抢占先机。

8.3.3　SeeDAO:寻求合作,促进 Web 3.0 生态繁荣

SeeDAO 是一个庞大的组织,由一群志同道合的成员共同创建。在 SeeDAO 发展的过程中,有过成功,也有过曲折,最终在合作中,SeeDAO 获得更大的发展,为 Web 3.0 生态的繁荣作出了极大的贡献。

SeeDAO由两个年轻人发起,创建于2021年11月。他们最初只是希望能够在DAO领域进行探索,但对社区与治理机制理解得并不深刻,只停留在吸引Discord(一款聊天软件)用户上。社区的成员大多是公司的员工,那时SeeDAO仍处于中心化运营的状态。虽然当时NFT盛行,但团队不想将其作为财富密码吸引用户。

2022年1月,SeeDAO低调完成了A轮融资。为了避免融资成功的消息引来大量投机者,影响社区氛围,SeeDAO团队并未对外透露融资消息,而是在金库缺少资金的情况下艰难运营。在这种情况下,社区气氛逐渐活跃,用户不断增加,各个公会也逐渐出现。

但随着进一步发展,因为缺乏经济鼓励、成员与成员之间存在认知差距等问题,SeeDAO成员很难达成共识,社区治理出现问题。在长时间的考虑后,团队将教育作为发展社区文化的重点,SeeDAO迎来了将近3个月的爆发期。许多内容输出板块纷纷建立,社区共识与成员参与意识逐渐强化。

随着社区成员认知的提升,他们在利益与治理方面的认知差异也越来越大。SeeDAO成员经常因为社区怎么治理、由谁说了算等问题争吵。创始人因此感到十分痛苦,决定解散公司。

解散公司后,自治的社区完全失控了。创始人在解散公司时,将3 000万美元的融资金额打入了SeeDAO金库,这引来了大量投机者,但由于缺乏相关治理规则,社区无法向金库申请资金。

由于无法申请资金,所有用户都来找创始人处理问题,二人成为众矢之的,成员在社区大会上吵得不可开交。也正是这时,SeeDAO成员推举出一个临时具有最高决策权的9人小组,负责解决社区矛盾、制定治理规则。

9人小组花费了3个月时间解决历史遗留问题,并制定了新的治理规则,SeeDAO元规则就此诞生,SeeDAO进入新的发展阶段。

SeeDAO在总结了自身与其他组织经验后,采取了分层治理结构,鼓励就近治理、专家治理,将节点共识大会定为社区最高决策机构,社区最高决策机构3个月召开一次会议,对重要事项进行决策。SeeDAO设日常治理机构,由贡献者构成,负责处理治理事务,3个月一轮换。战略孵化器负责SeeDAO的经济发展,能够充实社区金库。DAO的发展逐渐走上正轨。

DAO创建1年多,社区翻译了200多篇Web 3.0文章,生产了许多Web 3.0课程,还孵化出一批DAO工具,作出了许多贡献。虽然SeeDAO在治理过程中遇到了许多问题,几次面临重大困难,但是其作为探索者,对后来DAO的创建具有很强的借鉴意义。

第 9 章

元宇宙：描述Web 3.0未来的互联网场景

元宇宙是一个由多种技术打造的虚拟空间，支持用户在其中进行多种活动，包括社交、创作等。元宇宙与 Web 3.0 存在密切的联系，元宇宙的发展离不开 Web 3.0 技术的支持。下面将从初探元宇宙、Web 3.0 与元宇宙的对比、元宇宙与 Web 3.0 的生态共建出发，全面讲解元宇宙，使用户深刻了解 Web 3.0 的这一展示方式。

9.1 元宇宙初探

元宇宙作为一个奇幻的数字世界，表明了用户对于未来网络的期待。随着技术的进一步推进，元宇宙将离我们越来越近。下面将从元宇宙的特征、元宇宙的基础架构和元宇宙的应用场景等方面出发，详细拆解元宇宙。

9.1.1 四大特征拆解元宇宙

元宇宙指的是借助数字技术创建的、能够与现实世界实现交互的数字世界。元宇宙是一个全部用户都可以参与的世界，在这个打破了虚实边界的世界里，用户可以在其中获得许多在现实世界无法获得的体验。元宇宙具有四大特征，如图 9-1 所示。

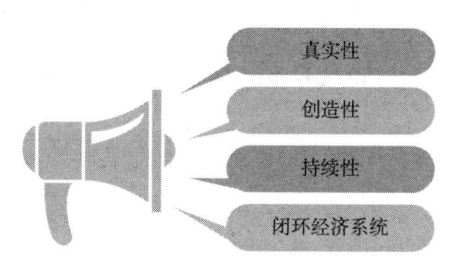

图 9-1 元宇宙的四大特征

1. 真实性

元宇宙的真实性是其能够带给用户沉浸感的关键要素，这种真实性主要表现在两个方面：一方面，元宇宙存在拟真的虚拟环境，同时其运行规则也能够体现现实世界规则在数字世界的映射，以此构建"源于现实而高于现实"的数字世界；另一方面，用户可以在元宇宙中获得真实、自由的虚拟体验。用户不仅可以在元宇宙中奔跑、跳跃、创造，还可以建立新的社交关系、工作关系等，开启真实的"第二人生"。

2. 创造性

元宇宙是开放并且具有创造性的，其将极大地赋能用户创造。在自由的创作空间、简易多样的创作工具的帮助下，用户可以充分发挥自己的想象，创作大量 UGC 内容。元宇宙也得以在源源不断的内容的支持下持续拓展边界。

当前的中心化平台会将用户锁定在一个封闭系统中，聚集用户信息，并从用户的交易中获得收益。而元宇宙则是开放的，没有中心化系统的束缚，任何人都可以在其中通过创造获得收益，甚至将工作和生活搬到元宇宙中。有了源源不断的创造力，元宇宙才会持续向前发展。

3. 持续性

创造性是元宇宙发展的巨大驱动力,在这一驱动力的作用下,元宇宙可以实现持续发展。当前,元宇宙场景由不同的元宇宙平台所创造,而在成熟的元宇宙中,不同的元宇宙平台将逐步走向融合,作为元宇宙的参与者为用户提供服务。在成熟的运行机制下,元宇宙不依托单一的公司而运行,不会因元宇宙公司的消亡而消亡,能够在用户的持续创作中获得持续发展。

4. 闭环经济系统

元宇宙中存在完善的闭环经济系统,在这个系统下,用户可以进行消费、交易等活动,可以凭借自己的创造获得收益。同时,元宇宙中的经济系统和现实世界的经济系统是连通的,用户可以将现实资产转化为数字资产,也可以将元宇宙中的收入转化为现实中的货币。

9.1.2 架构基础:多层架构共建生态

元宇宙的世界庞大而复杂,其总共包含七层架构,这些架构共同建设了元宇宙的生态,具体见表9-1。

表9-1 元宇宙的七层架构

第一层:体验层	包括游戏、社交、电子竞技、影院、购物等
第二层:发现层	包括广告网络、内容分发、应用商店、中介系统等
第三层:创作者经济层	包括设计工具、资产市场、商业等
第四层:空间计算层	包括3D引擎、VR软件、地理空间映射技术等
第五层:去中心化层	包括区块链、边缘计算、微服务等
第六层:人机界面层	包括移动设备、可穿戴设备、声音识别系统等
第七层:基础设施层	包括5G、6G等网络基础设施

体验层着眼于为用户提供真实、多样的体验。元宇宙能够实现空间、距离和物体的"非物质化",这意味着现实中无法实现的体验将变得触手可及。例如,当前玩家在游戏中竞技对战时,主要是通过游戏的方位键和技能键进行操作,虽然能够带来一定的刺激体验,但仍有很大的提升空间。而在元宇宙中,玩家能够以虚拟化身进入游戏世界,自由地和对手进行搏击战斗;同时,借助各种传感系统,玩家甚至能够感受到对战中产生的疼痛感。这一切都能够带给玩家更真实的游戏体验。而元宇宙中的这种真实体验并不局限于游戏领域,在进行社交、教育、体育等其他方面的活动时,用户一样可以获得更真实的体验。

在体验层,很多企业都作出了尝试,尝试为用户提供多元化的元宇宙体验。例如,世纪华通旗下的点点互动推出了元宇宙游戏 $LiveTopia$(闪耀小镇)并在沙盒游戏平台 Roblox 上线。上线 5 个月,游戏的累计访问次数突破 6.2 亿次,月活跃用户超过 4 000 万。

作为一款大型开放式角色扮演游戏,$LiveTopia$ 为玩家提供了一个丰富多彩的数字世界。玩家可以在游戏世界里扮演自己喜欢的角色,体验不同的生活方式并创造属于自己的故事。$LiveTopia$ 中有完善的城市系统,包括地铁、机场、公路、公园等,以便玩家以多样的身份更加真实地体验数字世界的生活;同时,玩家还可以拥有一片属于自己的区域,并在其中建造房子。

发现层聚焦于吸引用户进入元宇宙的方式,主要分为主动发现和被动发现两种方式。其中,主动发现即用户自发寻找,主要通过应用商店、内容分发、搜索引擎等途径实现;被动发现即在用户无需求的情况下通过主动推广吸引用户,主要途径包括显示广告、群发型广告、信息通知等。

创作者经济层包含创作者创作时所需要的所有技术。在创作工具复杂、创作流程烦琐和创作成本高的初级阶段,创作者创作的内容较少,也难以通过创作获得更多收入。而随着创作工具的升级和简化,创作的难度和时间成本不断降低,更多的用户会参与到元宇宙创作中来,最终推动元宇宙内容生态的繁荣。

以 Roblox 为例,Roblox 不仅为用户提供创作工具,还有一套完善的经济系统,为创作者获得经济收益提供了基础。

空间计算层提供了虚拟计算的解决方案,能够消除现实世界和数字世界之间的障碍。在空间计算技术的支持下,用户能够进入虚拟空间并进行各种操作,同时能够实现虚拟场景在现实世界的展示。在软件方面,空间计算层包括显示立体场景和人物的 3D 引擎、连接虚拟和现实的 VR 软件、映射和解释虚拟和现实世界的地理空间映射技术等。

去中心化层则显示了元宇宙的核心结构。和当前许多中心化的平台不同,元宇宙是由许许多多的个体控制的。在这里,用户可以加密保存自己的个人数据,用户的数据不会被其他主体收集和使用,创作者也可以拥有自己所创作作品的所有权。

在人机界面层,各种设备将助力人机交互,使用户在元宇宙中的体验更加真实,行动更加自由。目前,已经出现了 AR 眼镜、VR 头显、智能传感手套等设备,未来,这些设备将朝着多样化、轻量化的方向发展;同时,在技术的发展下,更轻量的可穿戴设备、可印于皮肤上的微型传感器甚至消费级神经接口都将出现。

基础设施层包括将各种设备连接在一起并提供内容的技术。5G 网络可以提供更高的速度、更大的带宽和更低的时延,而 6G 则能够在 5G 的基础上进一步优化,提供更稳定、智能的网络。在此基础上,更高性能和更小型的硬件,如微型半导体、支持微型传感器的微机电系统等出现。

9.1.3 The Sandbox:展示元宇宙应用场景

元宇宙为用户带来了全新的游戏方式,使用户可以通过玩游戏获得经济奖励,其中,The Sandbox(沙盒)就是一个典型的元宇宙应用场景。

The Sandbox 是一个基于区块链的虚拟游戏世界,支持用户在其中进行许多活动,包括在游戏中赚取真实世界的资金奖励,打造自己喜欢的游戏并进行售卖。在 The Sandbox 中,用户拥有完整的资产所有权。

The Sandbox 的成功离不开主创团队的努力,其主创团队拥有丰富的游戏开发与运营经验,从产品设计来看,其玩法也在不断改进与创新,具有极大的发展潜力。The Sandbox 借助强大的开发背景,不断提升游戏的可玩性与魅力。同时,The Sandbox 采用 P2E(Play to Earn,玩赚)模式也是其成功的因素之一。在现实生活中,用户通过努力获得认同、回报,在 The Sandbox 中也一样,只有努力才能获得收益。

在元宇宙中,只要一个创造被引爆,就会实现自循环、自孵化,最终获得巨大的成功。

在 The Sandbox 中,用户可以在拥有土地的基础上开发、运营游戏,从而与其他用户进行互动,做任务赚取金钱,获得实际收益。即便用户无法通过运营游戏赚钱,也可以选择出租或者卖出土地,获得盈利。总之,The Sandbox 中的土地具有诸多作用和较大价值。

目前而言,The Sandbox 的玩法主要有两种:一种是开发游戏,另一种是运营土地。用户能够在 The Sandbox 获得多少盈利主要取决于自己的能力。The Sandbox 还推出了奖励基金,吸引更多的开发者共同建设游戏,提高游戏质量。

The Sandbox 发展势头良好,已经获得了软银愿景基金的投资。The Sandbox 表示,其将在未来分阶段推出元宇宙平台,不断推出新游戏,提升用户的体验。

9.2　Web 3.0 与元宇宙

Web 3.0 与元宇宙作为备受关注的互联网热点,都代表了互联网的未来发展趋势,而二者之间又存在着千丝万缕的关系,二者既有关联又相互区别,能够共同推动技术的发展。

9.2.1　关系探究:Web 3.0 和元宇宙的关联

Web 3.0 与元宇宙之间有密切的关系,Web 3.0 代表的是未来技术发展的方向,元宇宙则代表未来用户的应用场景和生活方式。元宇宙可以被看作 Web 3.0 时代重要的应用场景,能够对当前互联网进行变革,为用户带来更加新奇的体验。

Web 3.0 与元宇宙一体两面,相辅相成。Web 3.0 可以看作元宇宙的核心技术层,代表元宇宙技术的发展方向,是元宇宙的技术支持和基础设施;元宇宙是 Web 3.0 技术的应用成果之一,代表 Web 3.0 应用场景的未来发展趋势,是 Web 3.0 的上层建筑。

Web 3.0 侧重于用户与数据所有权关系的变化。在 Web 2.0 时代,用户的数据资产被中心化的企业所掌控,而 Web 3.0 能够使用户掌握自身数据资产的所有权和其他衍生权利。元宇宙侧重于用户交互方式的升级,致力于塑造人与信息的沉浸式交互场景,使人们在虚实结合的世界中获得更加沉浸、真实的体验。

Web 3.0 的底层技术是区块链,组织范式是 DAO,数字商品是 NFT,金融系统是 DeFi,这些为元宇宙的构建与发展提供了相对完善的基础设施保障,而区块链带来的许多创新形成了其与元宇宙的共同基础。Web 3.0 每一个新的链路和解决方案都是元宇宙新的技术支撑,都能够作为元宇宙的发展引擎,为元宇宙的发展提供动力。

元宇宙的最终愿景是打破人与信息的时间和空间界限,构建一个虚实结合的数字时空。Web 3.0 的基础设施能够通过具体的技术形态解决很多数字化时代发展过程中难以解决的问题。例如,Web 3.0 可以协助元宇宙在虚拟空间创造真实、可靠的信用和共识,重新确定数字价值的归属和转移,通过有序的形式协助元宇宙进行数字化组织管理。

元宇宙是一个充满潜力的未来世界。随着 Web 3.0 基础设施的不断完善,元宇宙的价值也将更加凸显,催生更多跨时代的新创举。

9.2.2 创新机遇:Web 3.0 与元宇宙带来丰富机会

随着 Web 3.0 与元宇宙的不断发展,其将会带来更多的技术创新,拓展更多的应用场景。在这个背景下,企业可以进行跨行业合作,获得更多的发展机遇,这主要表现在以下两个方面:

(1)技术企业与创新企业进一步合作。技术企业往往具有丰富的技术资源与经验,能够为 Web 3.0 与元宇宙的发展提供核心技术支持。创新企业则具有极强的市场洞察力,可以将新兴技术应用到实际场景中。二者合作,可以获得更多市场机会。

(2)传统行业与新兴行业的进一步融合。在数字化时代,传统行业面临巨大的发展压力,与新兴行业展开合作,可以实现自身的升级转型。例如,金融行业与区块链行业相结合,能够借区块链技术实现去中心化金融,提升交易的安全性。

总之,Web 3.0 与元宇宙为企业带来了丰富的机会,使各个企业和各行各业的应用场景不断扩展,并实现了发展创新。

9.3 元宇宙携手 Web 3.0 共建生态

元宇宙的发展需要开源、去中心化的互联网,而 Web 3.0 恰好拥有这种特性。在元宇宙与 Web 3.0 的不断结合下,AI 将成为具有发展潜力的新蓝海;收益分配变革,创作者经济将实现大爆发。

9.3.1 AI 新蓝海开启,发展潜力巨大

AI 作为 Web 3.0 的底层技术,能够为其智能化与生产力的提升作出贡献。基于巨大的发展潜力,AI 迎来了发展新蓝海,获得了许多资本的支持。许多 AI 企业不断壮大,获得了快速发展。

AI 作为计算机科学的一个分支,以了解人类智能的本质为目的,并研发出一种能以类似人类智能的方式处理问题的智能机器。AI 诞生以来,随着理论和技术日渐成熟,其应用领域也不断扩大。人们在日常生活中已经接触了很多 AI 技术,例如,购物软件的个性化推荐系统、AI 医疗影像、AI 语音助手等。可以设想,未来的科技产品将进一步体现人类智慧。机器可以模拟人类的意识、思维的信息加工过程,像人类那样思考,甚至可能超过人类的智能。

例如,惊艳亮相 AI 主持人"晓央"。"大家好,我是虚拟主持人晓央。今天我为大家带来参与三星堆遗址挖掘的青年考古工作者,一起去听他们说说三星堆的那些故事。"2021 年 5 月 4 日,在《奋斗正青春——2021 年五四青年节特别节目》中,AI 主持人晓央闪亮出场,并完成了一场精彩的主持,如图 9-2 所示。

晓央源自百度,是百度智能云平台支持的 AI 主持人。在主持的过程中,晓央语言流畅、动作自然,主持水平不输真人,晓央的出色表现体现了百度智能云的 AI 优势。

图 9-2 AI主持人晓央

在形象方面,百度智能云采用了影视级的3D制作技术,使AI数字人更加真实和美观。在此基础上,百度智能云团队基于对大量面部特征、表情、体态的研究,总结出不同AI数字人的人设和形象规范,能够针对不同的客户需求有针对性地设计AI数字人。在行为方面,百度智能云借助AI技术进行了长期的人像驱动绑定调整,实现了精准的面部预测,提升了AI数字人口型生成的准确度,使得其表情更生动、动作更自然。

在应用场景方面,百度智能云推出的AI数字人支持文本驱动、语音驱动、真人驱动等多种驱动方式,大大降低了AI数字人的使用门槛和成本,这使得AI数字人能够在金融、传媒等行业实现更广泛的应用。

未来,AI数字人将大量出现并在更多方面服务于我们的生活。而百度智能云也推出了AI数字人运营平台,将结合其AI能力,为客户提供低成本、高质量的AI数字人内容生产服务,帮助更多企业打造、运营自己的AI代言人。

9.3.2 收益分配变革,创作者经济爆发

元宇宙浪潮席卷而来,热度空前高涨,但随着元宇宙的火爆,新的内容需求也一一出现。元宇宙需要源源不断的优质内容填充其空白领域,使其生态不断完善,支撑自身的发展。内容生产离不开内容创作者,创作者的地位变得十分重要,收益分配重新洗牌,创作者经济实现大爆发。

但在创作者经济大爆发的同时,也出现了一些问题。由于数字版权难以监管,导致盗版、侵权行为横生,这种行为损害了创作者的利益,因此,创作内容的确权对于创作者来说十分重要。如果创作者无法对创作内容确权,那么他们将失去一部分创作收益,创作也将失去活力。而NFT技术能够借助区块链解决内容的版权问题,维护创作者的权益。

创作者可以在元宇宙中获得更多收益。在目前的一些内容创作平台中,创作者虽然可以通过创作获得收益,但要将一部分收益分给平台方。而在去中心化的元宇宙中,创作者可以直接和买家进行NFT交易,获得更多收益;并且,在之后该NFT的转让出售中,创作者还可以得到一定比例的收益。这不仅让创作者获得的收益更可控,也实现了创作者的长期盈利,更利于刺激创作者生产内容。

元宇宙是一个由创作者掌握经济控制权的互联网时代,NFT可以明确元宇宙中数字物品的所有权,这将带来全新的元宇宙商业形态,推动元宇宙经济的发展。

下 篇

Web 3.0 掀起行业变革

第 10 章

Web 3.0＋文娱：推动文娱体验持续迭代

Web 3.0 与文娱行业相结合，引发了文娱行业的重大变革。Web 3.0 对文娱行业的影响主要体现在三个细分领域，分别是游戏领域、音乐领域和视频领域。Web 3.0 推动了文娱行业的创新，能够为用户带来更多新奇的体验。

10.1 Web 3.0 游戏：解锁游戏新玩法

当前，Web 3.0 正在逐渐入侵游戏领域，为游戏领域带来更多游戏新玩法，但是在衍生许多 Web 3.0 游戏模式的同时，Web 3.0 在游戏领域的发展也受到了一些挑战，只有攻克难关才能实现长久发展。

10.1.1 多种模式指明 Web 3.0 发展路径

Web 3.0 与游戏相结合，探索出多种发展路径，主要有三种模式，如图 10-1 所示。

博弈类模式　　　UGC 模式　　Play and Own 模式

图 10-1　Web 3.0 游戏的三种模式

1. 博弈类模式

博弈类游戏可以借助区块链技术，更好地创建复杂的 RPG（role-playing game，角色扮演游戏）、升级交易系统等，提升游戏的趣味性；而且，博弈类游戏更加小众，也更容易实现以游戏性为导向的目标。

2. UGC 模式

以 Roblox 为代表的平台将 UGC 模式作为探索 Web 3.0 的切入点。需要注意的是，UGC 模式激励的对象是能够在游戏里激发用户付费诉求的内容创建者，而不是作为用户与产品的"中间人"的内容提供者。

例如，Roblox 内的 UGC 模式会生成用户想要为之付费的内容，*Axie infinity* 用户会与其他用户交易游戏资产。在这些游戏中，内容都由游戏开发者提供，用户只能够使用这些内容。因此，对于一个平台来说，UGC 本身就是重要资产。

创建一个 Web 3.0 平台比开发一款普通游戏的难度更高，主要难点不在于技术，而在于如何调动用户参与的积极性。毕竟，只有拥有大量愿意为内容付费的用户，内容创作者才有足够的动力创作。

如果可以成功创建这样的平台，那么开发者将获得很高的回报，因为这种平台的投资风险较高，并且 Web 3.0 具有较高的准入门槛，所以竞争对手较少。

3. Play and Own 模式

Play and Own（玩并拥有）模式指的是玩家在体验游戏过程中，同时能够拥有数字资产。Play and Own 借助 NFT 与区块链技术在游戏中加入了代币激励机制,使用户拥有游戏资产的所有权。用户可以将他们在游戏中花费的时间、付出的努力并取得收益。此类游戏往往会宣传自身具有"可以获得收益"的属性,以吸引用户加入,并成为付费玩家。此外,该模式还能够借助用户对交易和所有权的关注,增强团队合作,提高用户参与度。

Web 3.0 游戏的三种模式各有千秋,都具有能够长期发展的潜力。未来,Web 3.0 游戏将探索出持续发展的道路,实现飞跃。

10.1.2　应对挑战:Web 3.0 两大难点

Web 3.0 在急速扩张的同时也面临许多挑战。对于 Web 3.0 游戏的投资者来说,其只关注投资的回报。如果 Web 3.0 游戏的回报低于预期,游戏的运行将会失去保障。因此,Web 3.0 游戏需要找到健康发展的轨道,成长为可持续发展的产品。在实现这一目标的过程中,Web 3.0 游戏需要克服两个难点:

1. 在资产价值下跌时维持用户兴趣

大部分 Web 3.0 游戏都处于亏损状态,这种亏损状态使得用户的交易活动减少,无法吸引新用户。短期来看,这种状态会影响其他同行业企业;长期来看,则会影响底层生态系统的持续发展。

Web 3.0 游戏的用户十分关注游戏资产的价值,当游戏资产的价值下跌时,用户可能会退出游戏。为了维持用户的兴趣,许多企业选择优化 L1 公链,提高验证速度,减少游戏费用,稳定价值。但这种方法也存在两个问题——一是链上几乎没有大型 Web 3.0 游戏;二是优化后的 L1 公链会因为从"非游戏"链转移到新链而涉及复杂的桥接系统,有可能丧失高价值"加密鲸鱼"与众多 Web 3.0 游戏用户。

2. 在吸引用户的同时实现长线发展

许多 Web 3.0 游戏的用户会依据预期增长价值选择游戏,因此,市面上许多游戏都选择牺牲长线发展来换取短期增长。许多游戏采用 PVE（player versus environment，用户对抗游戏系统）模式，在游戏内部为用户提供不可持续的短期投资回报，引发、加速投资行为，这引发了游戏内部的通货膨胀问题，影响了游戏的长线发展。但这类重视短期增长的游戏恰好能够推动 Web 3.0 游戏快速发展，如果设计者修复了这些问题，可能会造成用户流失。

例如，Axie infinity 就是一个长线发展的游戏，但其运行过程中不断出现经济问题，收益不断下降，许多用户相继外流，留在游戏中的用户的收益也受到了影响。

因为 Axie infinity 还存在巨大的价值，因此其还有重来的机会。但如果考虑发展的持续性，Axie infinity 需要摒弃之前的游戏模式，实现机制升级，完善"宠物"收集体系，以促进游戏内用户竞争。虽然有一些用户提出了解决方案，例如，改革游戏内的经济体系、管理方式，引入限制潜在投机的机制等，但这些解决方案都是问题暴露后的补救措施，治标不治本，无法从源头抑制"泡沫"的产生，也无法实现用户留存。

如果用户将获得资产投机价值作为进入游戏的主要目的，那么游戏内的经济体系就无法发挥作用，"泡沫"一定会产生，因此，Web 3.0 游戏难以实现可持续发展是因为无法满足用户对正和游戏的期望。如果用户渴望通过 Play to Earn 游戏模式获取金钱，那么这笔金钱必然出自某个地方。从经济角度来看，纵观整个系统，Web 3.0 游戏最终会走向负和（竞争后所得小于所失）。

当然，如果仅考虑 Play to Earn 模式，那么在某些情况下，对于特定用户而言，游戏是正和的，但这只是极少数的情况。在 Play to Earn 游戏模式中，大多数用户的花费超过了收益，但他们可以接受，因为他们的主要目的是获得游戏体验，而不是单纯为了获得收益，但这并不是大多数 Web 3.0 游戏用户的期望。因此，Web 3.0 游戏想要持续发展，就必须转变发展理念——从"仅为用户提供经济收益"转变为"让用户乐于花钱"，这样即便资产价值下降，用户也不会轻易退出游戏，因为他们更看重在游戏中所获得的乐趣，但这又会使 Web 3.0 游戏失去许多伴随 Web 3.0 概念而产生的吸引力。面对不同的受众，游戏企业需要重新评估 Web 3.0 这个新兴的游戏市场。

Web 3.0 游戏目前最大的问题是其受众面相对较小，且部分用户只专注短期利益，导致 Web 3.0 游戏无法长期发展，因此，Web 3.0 游戏想要实现持续发展，还需要游戏企业重新评估游戏的运行模式。

10.1.3　*PlanetGameFi*：趣味十足的 Web 3.0 游戏

Web 3.0 具有巨大的应用价值，游戏行业应紧抓其带来的发展机遇，将游戏内容、玩法等多方面与先进技术相结合，以颠覆传统的游戏模式。而在 Web 3.0 游戏中，*PlanetGameFi*（星级链游）比较有名，其以虚实的场景为用户带来了独特的体验。

PlanetGameFi 是一个全新的元宇宙数字星球，具有精美的画面、丰富的情节，为用户提供多样的游戏体验。同时，在游戏中，用户的操作灵活性强，可以获得更多自由体验。*PlanetGameFi* 的游戏背景是用户在经历宇宙的混乱变革后，发现了 *PlanetGameFi* 这块元宇宙全新大陆，并在此生活，成为第一批元宇宙"原住民"。*PlanetGameFi* 的游戏设定是：广大用户来自不同星球，合作抵御外星人的攻击，最终走向共荣，创造元宇宙的美好未来。

PlanetGameFi 是基于 Plug Chain 公链而构建的，这是其重要特点之一。Plug Chain（插入链）公链能够解决信息数据交互问题，保护数字世界与现实世界的数据安全，实现两者之间的高效互通；同时，其还能够实现公链与智能合约之间的互通，用途广泛。

PlanetGameFi 将 DAO 作为治理模式。全球社区的治理能够共同推

动文明发展,形成社区自治。*PlanetGameFi* 十分具有规划性:一方面其全力推动全球用户增长,另一方面将构建星球元宇宙作为未来发展目标。

PlanetGameFi 还为用户提供了多种游戏角色,例如,工人有操作工、工程师和采集者三种类型,每个工人的雇佣价格都不同,产能也不尽相同。再如,怪物猎人可以抓捕怪物,守护工厂;工会总管则可以管理工厂,开启或关闭工厂;星际掠夺者可以掠夺其他用户的工厂资源,如果被抓捕则会被关押或者交罚金。

用户在不同的游戏阶段可探索的星球是不同的。在初始阶段,*PlanetGameFi* 会为用户提供四个已解锁的星球,随着用户在游戏中的深入探索,用户能够解锁更多星球以及许多未知星系。

PlanetGameFi 的商业体系依托区块链而设计,在此基础上,用户能够基于加密货币获得交易、投资的所有权。*PlanetGameFi* 的访问不受硬件条件的限制,全球用户都汇聚在同一个数字世界。同时,*PlanetGameFi* 还为游戏中的数字世界营造了现实感,用户在获得乐趣的同时还获得了财富。

PlanetGameFi 融合了元宇宙的特性,设计了多种多样的玩法。以节点保卫战为例,在这个小游戏中,大章鱼会对星球节点的基地发起进攻,小怪兽则会破坏用户建设的工厂,而用户则需要使用武器对抗这些怪物,守护家园。用户需要在规定时间内加入战斗,并与其他用户默契配合,以取得战斗的胜利。

用户可以在游戏中建造工厂,用自己的劳动创造财富。用户在建造工厂时需要先购买土地,工厂建造完成后还需要雇佣工人、获得电能,最后开始生产。工厂不是只有单一的类型,而是多种多样,每个工厂的价格与产能各不相同,用户可以按需建造。

星际战舰也是 *PlanetGameFi* 中的一种重要玩法。星际战舰主要有四种,分别是护卫舰、战列舰、运输舰、航空母舰,不同的战舰有不同的用途。拥有战舰的用户可以进入怪兽星球探索,从怪兽手中夺回被掠夺的矿石资源,也可以探索未知星系,获得稀缺矿石。如果两艘战舰相遇,可以进行对战来获取资源。

PlanetGameFi 进入 2.0 PVP(player vs player,玩家与玩家对战)阶段后,具有 NFT 属性的星际战舰可以成为用户的所属资产,具有极高的价值,其价值主要体现在以下三个方面:一是星际战舰 NFT 限量发行,具有极高的稀有性,可以在市场进行交易;二是星际战舰具有落地场景,能够在 *PlanetGameFi* 的游戏场景中进行资源探索与对战,为用户持续带来收益;三是,*PlanetGameFi* 的全球布局正逐步展开,用户还在持续增长,十分具有发展潜力。

PlanetGameFi 团队积极寻求合作,入驻可创平台。可创 NFT(createsea)是一个成立于 Web 3.0 初期的数字作品平台,一直致力于打造原创、优质和个性化的 NFT。可创 NFT 平台提倡每位用户都成为数字世界的创作者,而其作为数字作品创作与传播平台,将尽力为每位用户提供创作所带来的精神价值与物质价值。

可创 NFT 平台与 *PlanetGameFi* 的合作,为星际战舰 NFT 价值的激发提供了有力的支持,不仅能够帮助用户获得资产,还能够维护游戏发行商的利益,平衡游戏发行商、用户和平台之间的关系。同时,可创 NFT 平台还为 *PlanetGameFi* 与 Web 3.0 的融合提供了助力,让游戏发行商和用户能够充分参与 Web 3.0 时代的发展潮流,享受时代红利,不断创造价值。

10.2 Web 3.0 音乐:让创作者不再"为爱发电"

音乐的历史悠久,从黑胶唱片到数字音乐,音乐领域在技术的推动下不断发展。但数字音乐领域存在盗版行为,使得许多创作者的收益大大减少。在这种背景下,Web 3.0 的浪潮席卷了音乐领域,为音乐版权保护带来了新的机遇。Web 3.0 借助区块链、NFT 等技术,实现了音乐确权,变革了音乐领域,使创作者不再"为爱发电"。

10.2.1 收益机制变革,创作者获得更多收益

在传统音乐领域,由于版税层层分割、报酬较低、盗版猖獗等问题,创作者的收益受到了侵害,而 Web 3.0 与音乐领域的结合,能够有效解决这些问题,实现音乐领域收益机制的变革,使得创作者获得更多收益。

Web 3.0 音乐可以为音乐创作者提供更加高效、公平、自动化的价值分配体系,提高收益分配的透明度。Web 3.0 音乐本质是重塑产业链,通过将音乐铸造成 NFT 而进行传播。Web 3.0 音乐的优势主要有四点,如图 10-2 所示。

| 音乐产业链更加高效、透明 | 音乐创作者及时获得版税 | 有助于与粉丝建立良好关系 | 便于募捐 |

图 10-2　Web 3.0 音乐的四个优势

1. 音乐产业链更加高效、透明

在传统音乐行业中,音乐创作者在唱片平台、唱片公司和版权代理方的层层剥削下,很难了解自己的实际收益,而 Web 3.0 音乐为音乐创作者提供链路较短的音乐发行渠道和新型版税方案,音乐创作者可以在发行音乐 NFT 时设置 NFT 的转售分成比例,获取二次销售利润。

2. 音乐创作者及时获得版税

音乐创作者将音乐作品铸造成 NFT 后,作品通过播放获得的版税是透明的,音乐创作者能及时获得反馈。

3. 有助于与粉丝建立良好关系

粉丝可以通过购买音乐创作者的 NFT 来支持其事业发展,分享音乐创作者的成长收益,与其建立更深的羁绊。NFT 可以作为展现粉丝忠诚度的凭证,也可以作为一个音乐创作者吸引粉丝的工具。

4. 便于募捐

传统音乐发行方式一般前期花费在宣传发行与营销方面的费用较高,对资金要求较高,而在 Web 3.0 音乐中,音乐创作者可以通过募资的方式获得资助来完成作品,音乐 NFT 的不断升值可以回馈支持者。音乐 NFT 可以降低音乐创作者对唱片公司和流媒体平台的依赖,在作品发行阶段获得更多话语权,获得更多利益份额,避免被层层剥削。

Web 3.0 音乐可以优化版税与收益分配,为用户提供公开、透明、高效的价值分配方案。从长期来看,Web 3.0 音乐可以激活音乐市场,NFT 也将成为未来重要的音乐载体。

10.2.2　Muverse:打造 Web 3.0 完整生态

许多企业聚焦于一个行业实现发展,而 Muverse 的愿景更为宏大。其整合了游戏、电影、音乐等多个方面,从细分角度切入,致力于打造 Web 3.0 的完整生态。

Muverse(音乐元宇宙)的 CEO 认为,Web 3.0 为各行各业带来了许多机会,而他则希望将这些行业结合起来,努力降低行业的准入门槛,其认为如果想利用创新技术实现文娱行业的改变,就应该从产品出发,设计一款便于用户进入的产品,并实现收益模式的变革。基于这种愿景,Muverse 诞生了。

Muverse 以打造完整的 Web 3.0 娱乐生态为主要目的,致力于促进音乐、游戏、电影等方面的无摩擦交易,推进这些行业与 Web 3.0 相结合。为了能够实现这个愿景,Muverse 将分阶段打造产品矩阵:第一阶段是打造

Web 3.0 娱乐 NFT 资产交易所，第二个阶段是构建娱乐底层公链。

为了达成第一阶段的目标，Muverse 团队在打造 Muverse 之前，曾对市面上的 NFT 平台进行了调研与分析，并得出了市面上的产品存在用户活跃度低、二级市场流动性相对较差等问题，这些问题导致了巨大的交易摩擦。

为了避免这些问题出现在 Muverse 上，其团队致力于解决交易摩擦，以实现更高频的资产交易，获得更多收入。Muverse 首先对 NFT 资产进行了碎片化处理，并获得标准的碎片化 NFT；紧接着其利用 AMM（自动做市商）机制为碎片化 NFT 和 MCT（muverse utility token，Muverse 的效用令牌）添加流动性池。与其他模型不同的是，Muverse 流动池中增加的流动性收益来自手续费。

为了获得更多交易，Muverse 打造了一款游戏产品，为用户提供了不得不进行交易的理由。在这款游戏产品中，Muverse 对音乐元素进行了资产化处理，又将资产进行了道具化处理，并在游戏产品中实现了流通。在游戏中，碎片化 NFT 将变成能够获得特定福利，提升游戏收益的道具。Muverse 借助这种手段将音乐 NFT 的投资与功能属性相结合，使用户产生了对碎片化的音乐 NFT 资产的需求，并持续进行交易。

Muverse 之所以选择游戏产品作为切入点，主要是看中了游戏的用户参与门槛较低、活跃度较高、社交属性较强等优势。未来，随着 Muverse 的不断发展，其将探索更多的场景，全面布局 Web 3.0 生态。

10.3　Web 3.0 视频：科技赋能视频制作技术进步

短视频与 Web 3.0 结合能够迎来发展新机遇。Web 3.0 能够实现视频上链和视频永久存储；能够改变视频转化获利规则，实现多样化的转化获利方式，赋能视频行业的快速发展。

10.3.1 视频上链，实现永久存储

用户在利用平台存储短视频时可能会出现故障、隐私泄露等问题，而区块链可以解决这些问题。区块链的去中心化存储使用户可以更加安全地存储视频，并实现视频永久存储。

去中心化存储是基于区块链去中心化网络建立的存储解决方案，能够提高存储的安全性，同时，能够使音频、视频等数据永久保留。在存储市场中，商业模式可以分为中心化存储和去中心化存储。中心化存储指的是将数据存储在中心化机构的服务器上；去中心化存储则是对数据进行切片处理，将数据分散存储在多个独立的设备节点中。去中心化存储往往通过分布式存储实现。

分布式存储能够将数据分散存储在多台设备上，借助纠删码技术实现数据冗余存储。分布式存储系统一般具有可扩展性，其可借助多台存储分布器分担存储负荷，借助位置服务器实现对存储信息的定位，为集中式存储系统中现存的存储服务器瓶颈问题提供了解决方案，提高了系统的可靠性、可用性。

分布式存储是一种存储技术，而中心化存储和去中心化存储是存储商业模式。去中心化存储一定会使用分布式存储技术，但是中心化存储可以选择使用或者不使用分布式存储技术。

去中心化存储代表存储效率的提升，主要表现在以下三个方面：

（1）去中心化存储能够增强网络安全性，实现用户隐私保护。去中心化存储不仅会对用户和网络终端进行加密，还会对存储网络的各个环节进行加密，并使用多种手段保护用户的隐私。

（2）去中心化存储平台或者网络的算法、代码必须是开源的。只有代码开源才能使社区与应用完善，形成有效的正反馈机制。

（3）去中心化存储能够借助冗余备份避免数据丢失。数据被存储在不同的节点，因此丢失的概率相对较小。

去中心化存储是 Web 3.0 的支柱之一，发挥着重要的作用，能够对包括视频在内的数据进行存储、检索与维护。当用户需要访问某些视频数据时，可以从距离用户更近的去中心化节点中获取数据，而无须远程服务器的传输。

10.3.2 视频收益规则改变，方式多样

Web 3.0 时代，视频收益的规则发生了改变，收益方式变得更加多样化。在这种趋势下，代币经济模式产生了。观众可以利用代币对视频创作者的视频内容进行打赏，鼓励视频创作者继续创作。

在 Web 2.0 时代，视频创作者往往选择在视频平台发布视频获得收益。虽然视频创作者在这些平台能够获得收入，但这些平台在货币化与吸引用户方面存在一些缺陷。

新入驻视频平台的视频创作者即使视频制作得再优秀，也很难突破平台算法的限制吸引大量订阅者，这是因为视频平台的推荐算法更偏向于视频观看次数多、订阅者多的视频创作者，新入驻的视频创作者没有优势。同时，视频平台对视频创作者的创收方式有很大限制，视频创作者仅能够从视频的观看量和广告中获得收益。

而在 Web 3.0 时代，Web 3.0 视频能够为视频创作者提供更多收益。Web 3.0 视频的去中心化意味着视频创作者的视频数据不是由某个平台所掌握，而是存储于区块链中，实现了视频数据创作者私有。Web 3.0 还具有代币化功能，视频创作者可以将创作的视频和收益代币化，获得更多收入。

例如，Xcad Network(Xcad 网络)是一个为创作者而生的平台，可以帮助视频创作者突破视频平台的算法限制，获得更多的粉丝。Xcad Network 的功能较多，可以对视频平台的内容进行标记、允许视频创作者创建自己的代币、允许用户通过观看视频获得代币等。

Xcad Network 在谷歌浏览器上安装了一个插件，用户通过这个插件在视频平台上观看内容，便可以获得相应视频创作者的令牌。在 Xcad Network 中，视频创作者和观看视频的用户可以同时获得代币奖励。视频创作者可以根据视频被观看的次数获得视频平台的奖励，并向观看视频的用户给予代币奖励，以增强用户黏性。用户获得代币的方式十分多样，如观看视频、发布高质量留言进行互动等。持有代币的用户拥有高级权限，还有机会与视频创作者合作。

在 Web 3.0 时代，视频创作者转化获利方式增多，与观看视频的用户的互动方式也增多了，这使得视频创作者在拓宽收益渠道的同时还能够增强用户黏性，实现更好的发展。

10.3.3 Minds：建立完善的激励措施

传统社交网络中，许多企业滥用权力，广告无处不在，用户们不胜其扰。而在 Web 3.0 时代，去中心化的不断推进使得企业滥用权力的现象逐渐减少。

Minds(智慧)是拥有全球领先技术的开源社交网络，致力于为用户提供自由的社交环境。截至 2022 年 11 月，Minds 已经有超过 600 万名用户。Minds 的特点之一是能够使用户的网络世界更透明。传统网络中无意义的广告、运营商权力的滥用，使得用户与运营商之间的信任关系逐渐崩塌，Minds 正在重塑这种信任。Minds 与其他社交网络相似，都能够为用户提供内容更新，发布、转发、评论动态等功能。不同之处在于，Minds 不依靠收集数据获利,其会对用户的消息加密,保护用户的隐私。在这种情况下,各大广告商不会通过 Minds 获得用户信息。

大多数社交网络的透明度是有限的,但是 Minds 坚守自己的原则,维护网络世界的透明度,确保用户可以自由地访问网络上所有的共享信息。Minds 通过将平台授权为 AGPL v3(affero general public license version 3,开源协议)的方法,确保自己不受专有修改的影响,并持续在提供透明度方面作出贡献。

Minds 的另一个特点是为经济作出贡献。用户可以在这里赚取加密货币,获得收益分成。在 Minds 的贡献经济中,用户获得奖励的途径多种多样。用户可以通过创作优质内容、推荐新成员、维护平台活跃度、发现 Bug(故障)等行为获得收益。

Minds 还鼓励用户多参与活动。用户可以通过参与投票、进行评论或者发布内容来获得奖励,奖励以积分的形式发放,积分可以兑换内容浏览量,因此用户越活跃,其发布的内容就越能够被更多人看到。

Minds 通过有效的激励措施,实现了用户增长以及自身的长期发展。Minds 渴望打造一个新的内容经济体系,使得用户在隐私得到保护的前提下畅所欲言,同时能够赚取收益。

第 11 章

Web 3.0＋营销：变革营销方式与场景

新的技术浪潮的来临往往会为各行各业来带一些颠覆与变革。Web 3.0 与营销行业相结合，能够变革营销方式与场景，以数字技术作为营销手段，以虚拟空间作为营销场景，创造属于 Web 3.0 时代的营销新方式。

11.1 Web 3.0 营销三板斧

Web 3.0 的到来变革了营销方式。在新时代中，虚拟数字人、数字商品和虚拟场景成为驱动营销变革与发展的三板斧，持续吸引用户，实现经济增长。

11.1.1 虚拟数字人：探索数字营销新方式

Web 3.0 时代，虚拟数字人成为营销主角。品牌打造虚拟数字人作为品牌 IP，更能够体现品牌的个性，实现品牌创新。此外，虚拟数字人还可以一"人"多用，在实现品牌精准定位的同时，兼具品牌代言人、产品推广大使等功能，实现价值最大化。

例如，哈啰电动车率先布局虚拟数字人产业，推出了品牌代言人"哈啰图灵",如图 11-1 所示。哈啰图灵整合了 AI 绘制、实时面部表情捕捉、动作实时捕捉等技术,具有较强的智能性。在这些技术的支持下,哈啰图灵拥有了丰富的表情、精细的动作和实时互动的能力。

图 11-1　哈啰电动车品牌代言人哈啰图灵

在哈啰电动车拍摄的微电影《哈啰图灵·数字人生》中,哈啰图灵赋予哈啰电动车多种功能:10 米内自动识别用户身份,用户无须钥匙便能解锁哈啰电动车;根据用户的骑行场景开启辅助骑行功能;基于历史骑行数据监测哈啰电动车的用电、充电状况等。在微电影中,哈啰电动车借助哈啰图灵向用户展示了最新的图灵 T30 智能平台和 VVSMART3.0 超联网车机系统,表达了其一直以更智能的产品助力用户美好出行的理念。

在品牌纷纷打造虚拟数字人 IP 的当下,哈啰电动车推出哈啰图灵来强化其智能化、数字化的品牌形象,这不仅是哈啰电动车在智能出行领域的探索,还为整个行业的发展提供了新方向。未来,会有越来越多的品牌推出集智能算法、数字技术、情感联系于一身的虚拟数字人。

虚拟数字人以新奇的方式拉近了品牌与用户的距离,扩大了品牌在年轻用户群体中的影响力。虚拟数字人作为品牌代言人,能够帮助品牌尽快实现差异化和年轻化,快速建立品牌标识,打入年轻用户群体内部。同时,虚拟数字人对于品牌有着绝对的忠诚度,是品牌可以永久持有的数字资产。

11.1.2　数字商品:品牌推出 NFT 成为趋势

当前,NFT 作为一种全新营销手段正在逐步进入用户的视野。品牌借助 NFT,能够实现营销方式的创新,吸引更多的用户。

例如,2022 年 4 月,蒙牛旗下牛奶品牌三只小牛在 ODin META(超越奥汀)元宇宙平台发布了首款 NFT 数字商品"睡眠自由 BOX",该数字商品上线仅 10 分钟便全部售罄,显示出极高的人气,这是三只小牛首次利用 NFT 数字商品进行营销,为用户提供了新奇的消费场景,拉近了品牌与用户的距离。

作为中高端功能牛奶的新标杆,三只小牛一直专注于挖掘用户的真实需求,并提出相应的解决方案。随着科技的快速发展,三只小牛率先抓住风口,拥抱 Web 3.0 趋势,入驻元宇宙平台 ODin META。

三只小牛此次发布 NFT 数字藏品商品"睡眠自由 BOX",正是其深入挖掘用户需求的体现。三只小牛发现,睡眠障碍已经成为社会流行病,部分用户在现实中难以解决这个问题,便转而在数字世界中寻找疗愈方法。三只小牛便将用户的真实需求、产品定位与元宇宙数字世界结合在一起,推出了"睡眠自由 BOX"数字商品。

用户可以利用"睡眠自由 BOX"数字商品中的道具解决自身在元宇宙

虚拟空间遇到的问题,也可以用这些道具兑换三只小牛的牛奶产品,并享受三只小牛专属客服与营养师的一对一服务。三只小牛借助"实体牛奶＋数字商品"的方式,实现了品牌营销方式创新,提高了品牌热度。

除了图片外,数字商品也可以以视频或动图的形式存在,而安踏就牢牢抓住了这一特点开展了产品营销活动。2022年1月,安踏宣布与天猫超级品牌日联合打造"冰雪灵境"互动数字空间。数字空间包含三个板块:"超能炽热空间""安踏数字博物馆""灵境冰雪天宫",为用户带来了沉浸式体验。

为了宣传冬奥会文化,安踏打造了12款中国冰雪国家队NFT数字商品。安踏在保证运动专业性的前提下,尽量还原了每款数字商品所对应的项目动作,并给数字商品设计了"解锁前的雪材质"与"解锁后的银材质"两种材质,调动用户解锁NFT的积极性。安踏将本身就具有收藏性的NFT数字商品与具有高关注度的冬奥会冰雪运动结合起来,实现了营销内容的创新与广范围传播。

区块链、NFT等技术的发展,拓展了品牌营销新方式。品牌需要抓住这一趋势,积极进行数字商品的探索,以满足更多用户的需求,开拓更广阔的市场。数字商品有利于传播品牌文化,为品牌赋能,助力企业搭建Web 3.0商业生态体系。

11.1.3 虚拟场景:营销阵地实现大迁徙

数字技术的发展推动了虚拟场景的搭建,品牌的营销阵地也从现实世界转入虚拟世界。在虚拟场景中,用户将会感受逼真的视听效果,获得沉浸式的体验。

在传统的营销场景中,企业在为用户打造定制化产品之前,都要和用户沟通设计细节,展示产品模型,但受限于当下的展示技术,企业难以全面模拟并展示产品的设计流程、操作模式等,容易造成彼此理解的误差,不利于

第11章 Web 3.0＋营销：变革营销方式与场景

促成销售。

但如果将营销场景搬进虚拟世界，很多沟通的问题都可以迎刃而解。例如，借助数字孪生平台，企业可以展示产品从设计到完成的全流程，甚至可以让用户在虚拟场景操作产品，明确产品是否符合自己的预期。如果用户对产品的某一功能不满，企业也可以及时调整数据，改进设计方案。

同时，将营销场景搬进虚拟世界，也可以带给用户更好的购买体验，更好地促成销售。例如，当前用户定制汽车时，可以在大屏幕中自由选择汽车的颜色、内饰、配置等，将它们组合成自己喜欢的定制款产品，但无法获得真实的试驾体验，而虚拟场景的打造可以解决以上问题。用户按喜好定制汽车后，可以借助VR设备进入虚拟场景，驾驶汽车自由穿梭于公路、沙漠等场景，感受汽车的功能和性能。

目前，已经有一些企业在虚拟营销场景方面作出了尝试。例如，帕莱德门窗推出了一个虚拟产品体验平台，用户可以借助VR设备在虚拟场景获得真实的产品体验。借助该虚拟平台，用户足不出户就可以来到真实的营销场景。在这里，帕莱德门窗可以依据用户需求展示定制化的门窗设计方案，让用户亲身体验方案最终的效果，这样的营销模式不仅能够为用户提供更多便利，还能够大大提高产品转化率。

Web 3.0时代的到来意味着企业需要及时转换思维，以更多的新鲜创意和内容刺激用户，以更好的姿态拥抱全新的时代。百事的Web 3.0沉浸式音乐歌会就是一次依托Web 3.0虚拟场景的成功营销，其将虚拟场景与虚拟偶像深度绑定，为观众带来了一场别开生面的视听体验。

2022年7月，百事旗下虚拟偶像天团"TEAM PEPSI（百事可乐团队）"携手虚拟音乐嘉年华TMELAND（一款元宇宙音乐软件），在Web 3.0的虚拟场景中举办了一场名为"百事可乐潮音梦境"的现场演出，突破了时空的局限，吸引了众多观众的目光。

"百事可乐潮音梦境"以"梦境"为核心,鼓励观众深度参与演唱会。在演唱会中,观众会在特殊音乐嘉宾的带领下,漫步于多种场景中,开启一场沉浸式"梦境"旅途。在旅途中,观众可以一边伴随绚丽的霓虹灯光扭动身体,一边欣赏由虚拟偶像天团带来的百事首支主题曲 *Pepsi Cypher*(《百事圆舞曲》),甚至可以近距离接触偶像,获得绝佳的音乐体验。

百事以"梦境"为概念,不仅带领观众享受了一场视听盛宴,还打破了虚实界限,展现出无限的创意。未来,百事将依托 Web 3.0 的虚拟场景创造更多有创意的玩法,助力品牌触达更多用户,进一步挖掘虚拟场景的营销价值。

尽管当前电商销售依旧是市场中主要的营销模式,但以发展的目光来看,以先进技术和虚拟场景助力营销升级是新市场需求下企业营销的必行之道。在 Web 3.0 发展的大环境下,企业需要瞄准市场风口,紧跟时代脚步,借助新技术实现营销场景的创新。

11.2　Web 3.0 驱动营销迭代

从 Web1.0 到 Web 3.0,一次次的互联网技术革命带来各个方面的创新。而在 Web 3.0 时代,全新的技术成为驱动企业营销迭代的动力,企业需要积极学习 Web 3.0 时代的营销法则,从积攒营销势能和变革社群营销出发,吸引更多用户。

11.2.1　PRE-SCIENCE:指导 Web 3.0 营销的法则

在 Web 3.0 时代,企业如果想要与用户进行交互,持续吸引用户,就需

第11章 Web 3.0+营销：变革营销方式与场景

要洞察用户的需求，不断创新与用户的互动方式。在这种情况下，企业需要找准 Web 3.0 的营销法则。

PRE-SCIENCE 效能法则是一种以 Web 3.0 思维为基础，以虚实共生的营销方法作为方法论，帮助企业快速定位自身所处阶段，从而找到合适的解决方案的营销方法。PRE-SCIENCE 效能法则中的 PRE 代表"先见"，可以拆分为 Prospects（前瞻洞察）、Roadmap（连续规划）、Explicity（目标明确）。PRE 是企业策划 Web 3.0 营销活动的先行原则，企业需要深入了解用户，对用户对产品的认知度与接受度了如指掌。

SCIENCE 代表企业接受 Web 3.0 的创新性思维后，利用 Web 3.0 的全新技术对互动体验的升级实践。SCIENCE 的七个字母分别代表 Symbiosis（虚实共生）、Continuity（连贯互通）、Interactivity（深度互动）、Empathy（情感共鸣）、Non-Fungibility（稀缺营造）、Co-Creation（价值共创）、Efficiency（高效传达）。

以百度为首的企业深入了解 PRE-SCIENCE 效能法则，并进行了实践。例如，百度与知名巧克力品牌 GODIVA（歌帝梵）联手打造了歌帝梵中秋数字艺术展。歌帝梵与艺术作品创作者赵宏展开合作，共同发布了独一无二的品牌专属中秋数字藏品，将巧克力蛋糕带入 Web 3.0 世界中。限量发行的数字藏品点燃了用户的参与热情，使用户沉浸在歌帝梵的营销场景中，推动了歌帝梵品牌价值的高效传达，提升了营销转化率，形成了有温度的情感连接，增强了用户对品牌的好感与黏性。

PRE-SCIENCE 效能法则也适用注重口碑"种草"与实际体验的企业，帮助企业打破单向展示方式，与用户建立深度连接。用户可以与场景、人物进行深度互动，获得沉浸式体验。例如，时尚品牌 Forever 21 曾经宣布将要在 Roblox（罗布乐思）中创建一个虚拟商城，用户在其中能够扮演商店经营者这一角色。

用户需要在Forever 21商城中选择一个合适的地点创建自己的虚拟商店。用户可以选取不同的主题来装扮商店，如FutureScape（未来世界）、Eco-Urban（生态城市）等，还可以布置各种家具、艺术品、灯饰等，使商店更个性化。每完成一项任务，用户都会获得相应的积分，用户可以在Forever 21旗舰店以积分购买家具或其他商品。

在运营虚拟商店的过程中，用户需要雇用一个NPC(Non-Player Character，非玩家角色)团队为商店工作，同时需要布置货架、模特等。和现实世界中的店主一样，用户需要处理店铺订单、补充店铺库存等。

此外，宝马也为用户设计了全新的互动玩法，推出了《宝马iFACTORY体验之旅》的游戏。在这款游戏里，用户可以以3D虚拟化身体验宝马先进的汽车制造工艺，了解一辆宝马汽车是如何诞生的。

用户扫描二维码或者通过"MY BMW（我的宝马）"App即可进入游戏。对于用户来说，这是一个能"亲自"参与宝马汽车生产，了解汽车制造流程的机会。在半小时的试玩时间里，用户可以在不同区域参与9个互动任务，熟悉汽车制造过程的重要节点。例如，用户可以在交流中心与其他用户交流、在装配车间了解汽车装配流程。未来，随着游戏的不断更新，游戏内容将更加丰富。

《宝马iFACTORY体验之旅》游戏的产生并非偶然，在品牌抢夺虚拟市场的同时，宝马将目标瞄准游戏。借助游戏，宝马完成了一次成功的沉浸式营销，使用户加深了对其的了解，获得了众多用户的好评。

PRE-SCIENCE效能法则能够帮助企业在激烈的营销环境下，快速了解自身优势，放大自身差异化价值，从而适应急速变化的市场环境，设计出有效的营销方案。

11.2.2　营销势能爆发，加深品牌与用户的连接

品牌进行营销时，需要回归营销的本质，对用户的情感与认知进行研究、

第 11 章　Web 3.0＋营销：变革营销方式与场景

洞察和理解。许多品牌以积极拥抱新事物的年轻用户为主要消费群体,利用新奇的体验、积极的互动与用户形成链接吸引用户的兴趣,实现品牌营销。

例如,为了开拓市场、挖掘潜在用户,美妆品牌雅芳研发了一款 AR 滤镜。用户通过使用 AR 滤镜,可以化身与节目嘉宾相似的虚拟形象,在游戏里畅玩。用户通过玩游戏可以获得积分,而积分可以换取雅芳的多款产品。这种虚实结合的营销方式激发了用户的游戏动力,使用户在获得游戏趣味的同时也对雅芳的产品有了一定的了解,成功将品牌营销与潜在用户开发联系在一起。

雅芳的沉浸式营销活动获得了超出预期的效果,吸引超过 20 万名用户使用 AR 滤镜,为品牌挖掘了约 4 000 名潜在用户;同时,该活动在社交媒体上引起了热烈讨论,进一步传播了品牌的影响力。品牌为用户提供了沉浸感强的娱乐活动和产品体验,用户在获得良好体验后为品牌进行宣传或进行消费,形成了良好的商业闭环。

除了以上品牌外,不少地区都在借先进技术打造区域品牌和城市 IP,积极进行城市营销。例如,为了宣传当地文化,眉山打造了虚拟形象"苏小妹"。苏小妹是一个在虚拟空间诞生的虚拟人物。传闻中,苏小妹是苏东坡的妹妹,在民间具有广泛的知名度,因此,苏小妹被特聘为眉山的数字代言人和"宋文化推荐官"。

眉山是一座具有深厚历史的古城,是苏洵、苏轼、苏辙三人的故乡。两宋期间,眉山曾有 886 人考取进士,也被称为"进士之乡""千载诗书城",可见其底蕴深厚。眉山的名胜古迹众多,有三苏祠、黑龙滩、彭祖山、江口崖墓等。眉山作为文人辈出之地,是传承中华文化的重要载体和民族之魂。

虚拟形象苏小妹是带领用户了解眉山的绝佳载体,其以文化寻根之旅的方式向用户展现眉山的风土人情,发布游览眉山的系列短片。在短片中,苏小妹带领用户参观三苏祠,体会园林艺术;体验当地非遗技艺,感受传统文化魅力;品尝当地的传统美食,如雅妹子风酱肉、仁寿黑龙滩全鱼席等。苏小妹以城市漫步的方式结合数字技术,传递眉山千年文化。

眉山打造苏小妹 IP,与其传播文化的需求不谋而合。眉山拥有悠久的历史、丰富的文化资源,以苏小妹 IP 作为城市代言人,可以将传统文化与现代科技相结合,不仅可以扩大眉山的影响力,还可以提升眉山的文化价值。

Web 3.0 时代的营销方法是在虚拟与现实之间,把握品牌与用户之间的情感连接点,并以此为中心,通过多种技术与用户进行全面连接,倾听用户心声,使他们获得良好品牌体验。

11.2.3　社群营销变革,成员成果共创、收益共享

Web 3.0 时代,社群营销发生了变革。社群成员可以参与社群共创,并拥有品牌数字资产的增值收益,实现成员成果共创、收益共享,激发成员建设品牌的积极性。例如,无聊猿 NFT 自推出获得了持续发展,原因是无聊猿的社群成员具有强大的社群认同感,能够在社群中进行资源推荐,从而拓展社群的资源与权益,共同推进无聊猿 NFT 的发展,共享无聊猿 NFT 升值带来的收益。

一些品牌实行价值共创,与社群成员主动分享营销活动所产生的数字资产,鼓励社群成员积极参与社群建设。例如,2022 年 8 月,国内新锐宠物生活方式品牌 VETRESKA(未卡)宣布正式与 BUD(贝豆)展开合作,VETRESKA 将入驻 BUD 平台,与用户共创数字资产。

BUD 是一个虚拟社交平台,也是一个 UGC 平台,能够为用户提供无门槛的 3D 创作系统。每一位用户都可以利用该系统创作个性化内容,并与其他用户交流。品牌可以使用 BUD 提供的素材进行内容创作,生成的内容也可以为品牌所用。

第11章　Web 3.0＋营销：变革营销方式与场景

VETRESKA是一个宠物生活方式品牌,致力于研发新奇、可爱的宠物用品。自品牌创建以来,VETRESKA先后打造了无土猫草、草莓熊猫窝、樱桃猫爬架等优质产品,为用户的宠物带来愉悦、舒适的体验。

VETRESKA与BUD的合作,是一次品牌商业路径的新探索,此次双方的合作主要从两个方面展开:建立品牌数字资产与推出创意玩法。

在建立品牌数字资产方面,VETRESKA首先注册了虚拟空间品牌官方账号,将其作为在BUD平台营销的核心阵地。VETRESKA可以在品牌官方账号中建立品牌专属地图、发布每日限定玩法、制作品牌素材等,吸引年轻用户参与活动,与用户建立联系。

建立品牌专属地图是VETRESKA将实体资产转变为数字资产的重要方式。VETRESKA可以使用BUD平台的内容编辑系统,经过简单的操作便能搭建、更新自己的品牌专属地图VETRESKALAND,并在地图中加入品牌专属元素,如仙人掌、西瓜等。通过3D场景还原技术,用户在游览地图时,可以发现这些独特的元素,并从中感知品牌想要传递的理念。

BDU平台针对此次合作推出了每日限定玩法与话题活动。每日限定玩法指的是BUD平台在VETRESKA品牌专属地图VETRESKALAND中发布美食盛宴、烟火晚会、沙漠冒险三大限定玩法。在沙漠冒险中,用户需要躲避仙人掌化身的移动机关到达终点。用户可以在游戏过程中尽情探索品牌专属地图VETRESKALAND,这样可以增强用户对品牌的了解,吸引用户的兴趣,使品牌获得出色的营销效果。

话题活动则包括VETRESKA定制话题、双方活动宣传等。话题活动进一步加强了品牌与用户的沟通,使得品牌能够倾听用户的想法,推出更多有趣的活动。

与传统社群运营方式相比,Web 3.0时代的社群运营方式更强调共创,用户与品牌相互助力,实现数字资产升值,共享收益。

第 12 章

Web 3.0＋社交：以新身份搭建新社交网络

Web 3.0 与社交相结合，能够实现社交身份的革新，使用户拥有全新的数字身份；用户之间的连接方式发生变化，社交型 DAO 建立的庞大社群成为用户社交的新阵地，为用户提供全新的社交体验。

12.1　Web 3.0 实现社交身份革新

在 Web 3.0 时代，用户的社交身份将实现重大革新，数字身份将变得安全可证。用户能够借助 NFT 徽章证明自己参加了某个活动，能够以社交标签匹配拥有共同爱好的其他用户，实现精准社交。

12.1.1　数字身份安全可证

数字身份是用户在 Web 3.0 时代社交的重要组成部分。在传统互联网中，用户依赖用户名和密码进行身份验证，但这种方式并不安全。而在 Web 3.0 时代，用户可以利用公钥证书对数字身份进行验证，大幅提高了验证方式的安全性。

公钥证书是一串记录用户网络身份信息的数据,能够实现用户身份与用户公钥的绑定。公钥证书一般由权威公正的第三方机关 CA(certificate authority,证书授权)中心签发,以保证公钥的真实性。

公钥证书可以通过加密技术对网络传输的信息进行加密、解密,以保证信息的机密性与完整性。公钥证书一般采用非对称加密这种加密方式,即每个用户拥有公钥与私钥。公钥是公开的,主要用来验证签名;私钥是唯一的,由用户拥有,用于解密和进行电子签名。

当用户 A 给用户 B 发送一份保密文件时,需要使用接收方用户 B 的公钥对信息进行加密;用户 B 收到保密文件后需要用自己的私钥进行解密。这样就可以保证信息的安全性。即便保密文件被其他用户获取,由于其没有相应的私钥,也无法读取信息。

公钥证书主要解决三个问题,如图 12-1 所示。

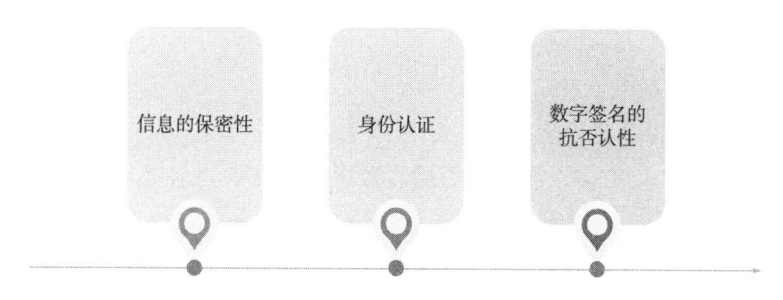

图 12-1 公匙证书解决的三个问题

1. 信息的保密性

用户无论是发送文件、合同,还是标书、票据等,都可以利用非对称加密进行加密,然后接收方利用私钥进行解密,保证信息的保密性。

2. 身份认证

公钥证书包含证书拥有者的个人信息、公钥、公钥有效期,以及颁发公钥证书的 CA、CA 签名等信息,因此,用户只要验证彼此的公钥证书便可以确认对方身份,安心进行交流。

3. 数字签名的抗否认性

现实生活中一般使用公章、个人签名等实现抗否认,而在 Web 3.0 网络中则可以借助公钥证书的数字签名实现抗否认性。

在 Web 3.0 时代,公钥证书可以保障用户身份的真实性,增强用户之间的信任,能够使用户积极、放心地进行社交。

12.1.2　NFT 徽章:为社交活动提供凭证

在传统线下活动中,用户可能会借助邀请函、照片、视频等作为社交活动的凭证。而在 Web 3.0 时代的社交活动中,用户可以借助 NFT 徽章——POAP 作为其社交活动的凭证,实现凭证的永久记录。

POAP(proof-of-attendance protocol,出席证明协议)是一种记录、纪念特定事件发生的 NFT 徽章,一般建立在以太坊主网上。POAP 可以作为一个可验证的证据证明用户在某个事情、活动发生时在场。事情或活动可以发生在现实世界也可以发生在数字世界。

例如,部分用户会在看完电影后收藏电影票证明自己曾看过某部电影,那么 POAP 则是用户在线上证明自己参加过某项活动的证据。

POAP 的用户可以分为活动策划者和收藏者。活动策划者的工作是参与活动策划,制作 POAP 并将其分发给参与活动的用户。收藏者则是爱好收藏 POAP 的用户,他们喜欢利用 NFT 徽章纪念特殊时刻,或表明自己出席某个活动。

POAP 能够为用户提供个性化体验及各种各样的功能,如抽奖和聊天室,使得组织者与参与者更好地互动。用户可以利用 POAP 收藏夹来展示他们丰富的活动经历,也可以变身活动策划者举办自己的活动,进行徽章定制和为参与用户提供项目。

POAP的发展历史相对较短,最早可以追溯到2019年的以太坊丹佛大会,该场会议能够顺利进行,离不开各个参与者的积极捐款,于是这场活动的发起人便设计了一款POAP,奖励参与"马拉松大会"的人们,用以表明以太坊可以实现一些用其他技术无法实现的东西,如POAP。

NFT想要成为POAP必须具备以下几个特点:①POAP智能合约一定要来自官方;②活动需要设置确定的时间、地点;③所有POAP一定要有一个与其对应的图像。

POAP最初是在以太坊区块链上诞生,后来因为成本问题转移到以太坊侧链xDai上。参与活动的用户可以领取POAP,领取方式取决于项目方对他们的交付方式。

许多用户收集POAP的目的主要是获得情绪价值。POAP是一种记录用户对活动贡献的巧妙方法,收集POAP徽章不仅十分有趣,还十分有意义。

因为POAP具有门槛较低与用途广泛的特点,且能帮助用户在Web 3.0世界确认身份,所以越来越多用户开始使用它。虽然NFT的发展较为坎坷,但是POAP为NFT的发展提供了另一种可能性,为NFT的发展探索出另外一条路径。

12.1.3 精准用户划分,助力社交

用户在社交时,更倾向于与自己兴趣爱好相同的人进行社交,这也就是"人以群分"。在Web 3.0时代,区块链、NFT等技术能够实现更加精准的用户划分,使用户能够找到更多与自己兴趣相投的朋友,开展多样的、符合自己兴趣偏好的社交活动,获得更好的社交体验。

传统的社交方式往往是基于现实信息进行交流,例如,用户会询问彼此的籍贯、学校、职业等,拉近彼此的距离。而在Web 3.0世界中,每个用户的个人信息与经历被记录在区块链上,用户只需要查询一下账户和历史操

作信息，便可以了解对方在 Web 3.0 世界的过往活动。

在现实世界，对用户群体进行划分往往基于一些既定标签。例如，按照国籍划分、按照地域划分、按照从事的职业划分、按照性别划分等，然而这种划分只是一些具象化的外在特征，"人以群分"更多依据的是内在的精神因素，如爱好、三观、相似的经历等。在没有互联网的时代，这些因素很难被具体展现出来，用户只能通过实际交往来感知。而在互联网时代，用户可以通过自主选择标签，展现个人喜好。在 Web 3.0 时代，用户的标签以 NFT 为载体进行展现，相较于以前，更加公开、真实与多元化。

用户的社会属性决定了用户会在一生中为自己贴上许多标签，并且致力于寻找与自己标签相同的群体，加入并获得认同感。Web 3.0 世界的用户也在不断为自己贴标签，形成"人以群分"模式，而这些标签在 Web 3.0 时代的具象化表现就是 NFT。一个用户使用什么样的 NFT 作头像，则表明他选择加入哪个群体。NFT 作为具象化的社交标签，能够为 Web 3.0 世界的社交提供便利，实现"人以群分"。

同时，在 Web 3.0 世界，用户可以充分展示兴趣偏好与个性，在虚拟场景中更加平等地社交。Web 3.0 世界的社交能够消除各种社交障碍，如因物理距离、相貌、社会地位等因素造成的障碍，使用户可以自由、平等地表达自我。

社交 App Soul 在这方面作出了探索。Soul（灵魂）为用户提供了一个虚拟身份，用户可以通过"捏脸"的方式自行设计理想化的虚拟形象，并编辑个人资料。凭借这个虚拟身份，用户可以自由展示自己的个性和才华，不会受到现实身份，如年龄、长相、社会地位等的牵绊。

同时，Soul 强调了基于兴趣图谱的社交方式。Soul 为用户生成兴趣图谱，据此将用户送到不同的"星球"，并根据兴趣图谱推送内容和具有相似兴趣的用户。用户可以通过"灵魂匹配""群聊派对""语音匹配""视频匹配"等方式找到与自己志同道合的朋友。

Soul 的特殊之处在于,用户在虚拟空间建立的社交关系网不是线下关系在线上的映射,而是基于个人虚拟身份、Soul 的关系推荐引擎形成的新的社交关系网,这带给了用户更沉浸的社交体验和归属感。

当下许多社交巨头都在社交场景、社交形式、社交沉浸感等方面作出了探索,以积极抓住 Web 3.0 时代的社交机遇。随着 Web 3.0 技术的发展和更多企业的努力,在未来的 Web 3.0 世界中,社交功能将更加丰富,更多社交方式将会出现,带给用户更加新奇的社交体验。

12.2 Web 3.0:从社交到社群

在《那些比拼命努力更重要的事》中,哈佛教授曾经说过"最终决定人们内心是否有充足幸福感的,是我们与周围人之间的关系",一句话显示了人与人连接的重要性。在互联网出现之前,人们依托地区、信仰等形成稳定的社交关系。随着互联网的出现,传统社交关系被打破,人们借助互联网可以与世界各地的人进行交流,社交距离与成本一再缩短,但基于传统互联网的连接只是一种弱连接,并没有建立一种黏度较高的社群生态。而随着Web 3.0 时代的到来,弱连接将会变为强连接。Web 3.0 去中心化的特质能够打破网络信息传播的边界,并借助 DAO 建立共同的社群信仰。

12.2.1 社交、社区、社群

互联网一直处于发展之中,从 Web 1.0 到 Web 3.0,基于信息、内容交互的网络形态转变为基于价值、精神交互的网络形态。人与人的连接方式也由社交、社区转变为社群。

社交是人的重要需求,有人的地方就会产生社交。而互联网社区是以社交作为基础,借助一定的连接形成以内容、话题等为中心的群体组织。用户进入互联网社区以获得内容或者获得名声为主要目的。随着技术的不断推进,社区呈现衰落趋势,想要打造稳定的社区,需要关注以下三点,如图 12-2 所示。

1 稳定的共识和统一的信仰,是社交转型的内在张力

2 封闭的疆界与互斥的体系,是社区衰落的内在动因

3 利益连接与价值再造,是社区成长的根本动力

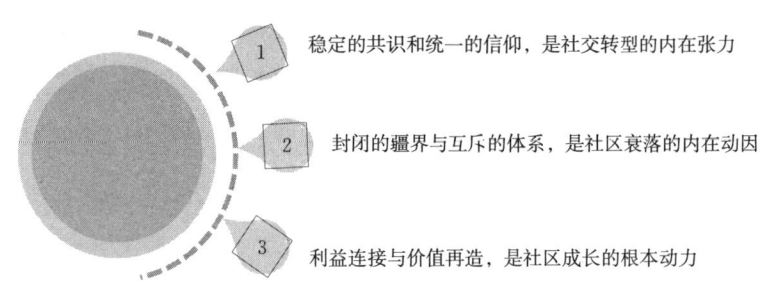

图 12-2　打造稳定社区需要注意的要点

1. 稳定的共识和统一的信仰,是社交转型的内在张力

究其根本,互联网是具有去中心化特性的集群社区,想要实现稳定发展,就需要打造一个人格化的信仰核心。而在 BBS(bulletin board system,电子公告板)社区中,成员之间缺乏共识和共同的信仰,很容易一言不合就分崩离析。

2. 封闭的疆界与互斥的体系,是社区衰落的内在动因

用户通过社区产生连接,但社区之间存在界限,例如,天涯、猫扑、百度贴吧之间,无法自由地互通;即便在社区内部,各板块之间,也缺乏包容、开放的心态。

3. 利益连接与价值再造,是社区成长的根本动力

想要实现社区的不断发展,不仅需要加强社区用户间的情感联系,还要

设计完善的利益机制。如果社区不能建立与用户之间的利益连接,实现价值再造,即便用户能够在情感的驱使下奋斗,但随着情感的消退,其将退出社区,社区会因为后继无人而衰落。

12.2.2　Web 3.0:社群经济的白马骑士

社群是社区的更高维度,由人们对自由的向往而催生。社群是以社区为基础,由共同的利益、情感、信仰而组成的组织。用户进入社群,可以建立更多社交关系、获得自己想要的资源等,同时获得归属感和安全感。

社群与社区原本是相互依存的关系,但随着社交工具的逐渐增多,社群实现了快速发展,实现了从"社区下的社群"到"社群化的社区"的转变。微博、公众号、论坛等都能够成为社群的聚集平台。在这种情况下,社群内的成员并不仅存在于一个平台,而是分散于各个平台,他们依靠同一个信仰连接在一起,并依靠多种社群工具形成一个松散型的社区。

在场景即产品,产品即社群的理念下,社群具有很强的商业价值。比起依靠付费广告获得收益的社区,社群更具有凝聚力,社群成员能够为产品买单。为了建设社群,社群管理者将会努力拓展成员,并将成员会聚到同一个社群内。"罗辑思维"、书友会采取的便是这种模式。

社群是在网络发展、人际关系、文化推动等多个原因下形成的,是时代发展的产物,但在这个以信息传播为中心的互联网中,仍存在痛点。

在诸如"罗辑思维"、书友会等社群中,一般会有小部分成员担当优质内容提供者,极少部分成员担当社群管理者,大部分成员仅是内容获取者,这种定位使得社群中的大部分成员虽然能够获得归属感,但无法获得收益。社群的价值仅能够在少数人之间产生,然后收益由少数人分配,价值的产生、流转只能在小范围进行。

虽然社群是社区的升级,但其并未摆脱中心化的架构,并不是每位成员都能够获得收益。社群难以解决三个痛点：一是边界和机制；二是利益和价值；三是共识和信仰。

由社区转向社群是技术发展的结果，在以 Web 3.0 为基础的价值互联网中，其转变速度将会加快。Web 3.0 能够解决社群痛点，实现社群的建设与持续发展。Web 3.0 为社群带来的革命性变化主要表现在三个方面：

(1) Web 3.0 的连接机制能够打破信息传播与价值传递的边界。Web 3.0 利用网络节点进行共同记账，节点越多，网络的安全性越高，价值便越高，这种连接方式能够有效跨越不同的信息源，打破边界，将用户的贡献转化为价值，参与的用户越多，价值越高。社群能够获得用户的信任与参与，这是其价值产生的基础。

(2) Web 3.0 能够带来资产的 Token 化。在 Web 3.0 时代，社群满足了三方面的要求，权益更加具备流通性；更能够满足社群成员的利益诉求；更加符合资本世界的运行逻辑。社群成员手中 Token 的价值由整体的网络价值决定，只有人人互信，多人参与，才能够创造高价值，获得经济上的收益。

(3) Web 3.0 实现价值传输的协议网络是在共识算法基础上开发的。这种协议网络更像是一种无误交换，是共识体系下的产物，其能够加深社群成员之间的连接。社群成员对社群的态度由认同逐步上升到维护。

12.2.3　Web 3.0：价值重塑与新型身份

传统的社群经济中，少数人创造价值并获得收益，普通成员无法进行价值创造。而在 Web 3.0 时代，社群成员的角色发生了改变，如图 12-3 所示。

1. 从普通成员到利益共享者

在社群中，成员无论是创作、推荐内容，还是对社群进行管理，都可以获得奖励——Token，Token 的奖励数目由社群机制和共识算法决定。社群的价值决定 Token 的价值，社群的价值上升 Token 的价值也会上升。所有

第 12 章　Web 3.0＋社交：以新身份搭建新社交网络

```
从普通成员到利益共享者
从参与者到管理者
从管理者到运营商
```

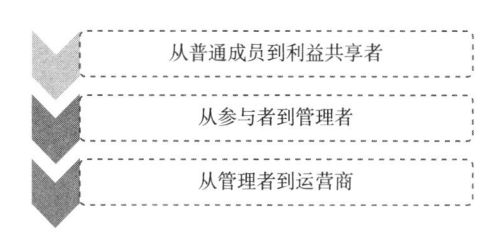

图 12-3　社群成员的角色转变

社群成员都是社群的利益共享者，他们更加希望社群能够持久发展。在 Token 奖励的作用下，社群成员的行为模式发生了改变。

2. 从参与者到管理者

在传统企业中，拥有企业的股权并不意味着拥有管理权。而在社群中，在共识机制的约束下，社群成员能够参与社群管理。社群成员参与社群管理的方式是，在某个领域内，社群成员可以通过创造影响力的方法获得该项目的管理权。总之，社群成员拥有管理权的关键是其在该项目中获得影响力的大小。

3. 从管理者到运营商

例如，在某社群中，社群成员可以运营板块，板块的人气越高，则置顶广告的价值就越高，社群成员能够获得的收益越高，这种方式会使得许多成员争相运营板块，生产更多的内容，同时，实现用户从单纯管理内容到运营内容的转变。

总之，在 Web 3.0 时代，社群成员的角色发生了转变，他们不再是只能被动接收内容的普通成员，而是能够成为社群的利益共享者、管理者、运营商，能够参与社群的管理、运营并获得收益。社群能够赋能社群成员，使社群成员通过工作量证明获得回报。社群成员不仅能够获得价值，还能够展现价值，实现与社群的良好交互。

12.2.4　Web 3.0：超级社群与新型文明

用户进行社交活动的形式与社会规模、认识社会的能力等密切相关。Web 3.0 的出现，改变了用户的社交形式，并降低了社交成本。Web 3.0 的出现，使用户能够运用新知识进行共同协作，实现了用户的联合，同时，也为组织层面带来了两重变革，即超级社群和新型文明的出现。

1. 超级社群

基于用户对于归属感、存在感的追求，社群应运而生。而在 Web 3.0 时代，许多新技术能够为社群成员获得利益提供条件，进一步加强社群成员对于社群的认同。Web 3.0 时代的社群，能够有效打破传统社群之间的界限，实现广泛连接。随着社群的进一步发展，超级社群即将诞生，其主要有两方面的表现形式：

（1）体量巨大的社群将会通过赋能形成亚群。亚群的出现是一种良性裂变，能够使生态变得更加丰富多彩。

（2）社群之间能够借助技术与合约达成共识。在 Token 机制的作用下，社群内部的生产关系与社群之间的协作关系都会发生改变。Token 之间可以互通，这使得用户可以实现社群之间的转化，达到互补的效果。

2. 新型文明

超级社群和社群联盟的出现将会实现对于现有文明产生的变革，新型文明将会诞生。在 Web 3.0 的助力下，社群将会被重塑，更多高维度、高价值的社群将会出现，一种新型文明也将会出现。

第 13 章

Web 3.0＋教育：教学模式智慧化跃进

Web 3.0与教育相结合，为教育的发展提供了许多可能性。Web 3.0能够以新技术变革教学模式，打造新兴教育场景，助力智慧校园的建设，实现教育的智慧化跃进。Web 3.0时代，教育面临巨大机遇。当前，已经有不少企业率先抓住了这一机遇，进行了智慧教育的诸多探索，这将进一步推动教育的发展。

13.1 Web 3.0变革教学模式

Web 3.0对于教学模式的变革主要体现在三个方面：一是打破了授课场景的界限；二是数字人教师走进了课堂；三是使更加智慧的个性化教学成为现实。

13.1.1 打破授课场景界限

在Web 3.0时代，学生上课的场景不局限于教室，也可以在虚拟教学环境中进行。随着技术的发展，VR、AI等技术在教学领域的应用可以为学生打造逼真的虚拟教学环境,为学生提供更加丰富的教学体验。

虚拟教学环境的优势主要体现在以下两个方面:

(1)虚拟教学环境能够为学生打造具有真实感的学习环境,提升学习效率。学生在具有真实感的环境中学习,能够主动、完整地体验学习过程。在虚拟教学环境中,立体的教学内容更容易吸引学生,使学生能够长久地集中注意力,提升学习效率。

(2)虚拟教学环境能够调动学生参与课堂的积极性。学生由被动转向主动,能够更好地融入课堂,与教师交流、讨论。学生参与度的提升有助于学生学习成绩的提升。

具体而言,Web 3.0时代的教学场景主要体现在三个方面,如图13-1所示。

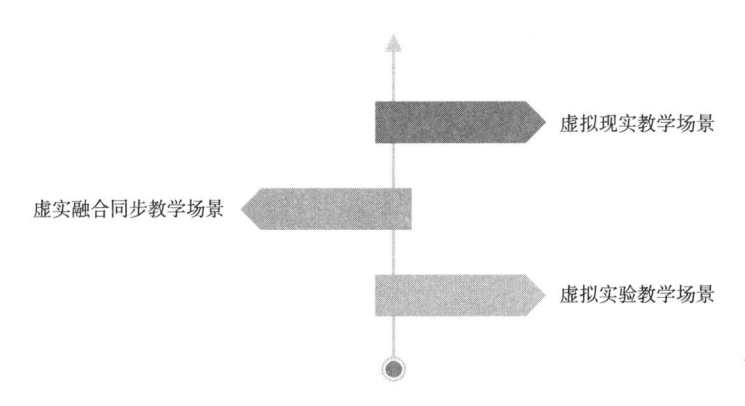

图13-1 Web 3.0时代的教学场景

1. 虚拟现实教学场景

虚拟现实教学指的是借助VR设备,身处不同城市甚至不同国家的学生和教师可以相聚于同一个虚拟教学场景中。在其中,师生可以通过虚拟形象互动,并在拟真的虚拟场景中实现更好的教学。

例如,如果教师需要向学生讲解唐代的历史,那么就可以和学生一起"穿越"到唐代,在拟真的唐代场景中感受唐代的风土人情、文化风貌。在游览的过程中,教师可以随周围环境的变化讲解唐代的官员制度、介绍美轮美奂的艺术品等。

再如,如果教师需要教授学生英语口语,那么就可以将学生带入一座虚拟的英国都市中。在其中,学生可以感受周围真实的对话环境,自由地和数字世界中的司机、店员等进行不同场景的对话,提升自己的英语水平。同时,在实际的对话场景中,教师也可以随时指出学生表述中的错误,帮助学生进步。

在虚拟教学空间里,教师可以一对一或一对多地开展教学,也可以根据教学需要,组织学生自由探索学习。学生不仅可以以虚拟化身和教师、同学互动,也可以和数字世界中的智能 NPC 互动,获得更真实的学习体验。

2. 虚实融合同步教学场景

虚实融合指的是虚拟场景和现实场景的融合。在讲课过程中,教师经常会讲到不同物质的分子结构、不同建筑的内部构成等。对于这些讲解,如果只用语言进行描述,难免会显得晦涩难懂,而借助全息投影技术立体化地展示物质的分子结构或建筑的内部构成后,教师就可以更细致地讲解。

以讲解建筑结构为例,借助全息生成的可视化建筑,教师不仅可以调整内外视角全方位展示建筑内外设计特色,还可以拆解建筑结构,把每一处细微设计的功能和特色讲得更清楚。在更细致的讲解下,学生的学习效率也会得到提升。

3. 虚拟实验教学场景

在物理、化学等教学过程中,经常会涉及各种实验。很多实验都存在安全风险,一旦操作不规范,就可能会引发爆炸、火灾等事故,威胁学生安全;同时,学生进行重复实验也会造成实验资料的浪费。而在虚拟实验教学场景中,学生可以在其中自由地进行多次实验,不会造成实验资源的浪费,也不存在安全风险。

Web 3.0 为教学提供了全新的场景,带来了全新的生机与活力。未来,随着 Web 3.0 的多种技术在教育领域应用的不断深入,更多虚拟教学场景将会出现,能够更好地满足教育行业日益增长的需要。

13.1.2　数字人教师走进课堂

虚拟数字人不仅能够应用于品牌营销中,还能够应用于教育领域。虚拟数字人可以作为数字人教师与学生展开对话,传授学生知识,以科学技术为学生带来全新的教学体验。

例如,奥克兰一所学校推出了一位数字人教师 Will(威尔),他可以为学生讲解可再生能源方面的知识。

在课堂上,威尔可以为学生讲述关于风能、太阳能等可再生能源的知识,学生可以在威尔讲解的过程中与他互动。威尔搭载了人工神经系统,可以对学生的答案和肢体动作作出回应,还可以识别学生对所学内容的理解程度,作出更合理的教学规划。此外,威尔还能够与学生进行双向互动,如同真实的人类。在教学方面,威尔发挥了重要作用。

除了上述案例外,国内一些机构也正在积极布局数字人教师。2022 年 2 月,河南开放大学推出了数字人教师"河开开"。"河开开"的形象是通过采集河南开放大学多位女教师的形象并利用人脸识别、数字建模等技术合成的,主要功能是为学生答疑、担任教师助教和进行协同教学,减轻教师的负担。

在教育行业,许多教育机构也推出了数字人教师,采取"数字人教师+本地教师辅助授课"的教学模式,在课堂中穿插互动小游戏,提升学生的学习兴趣。例如,小熊美术将视觉识别、语音识别、机器学习等多种技术应用在课程上,将课程与游戏相结合,提升学生学习积极性;借助 AI 技术还原线下的授课场景,活跃课堂氛围。

与传统的课堂相比,配备数字人教师的 AI 互动课优势突出:一是能够在课堂中穿插互动活动,增强课程的互动性;二是闯关模式可以持续吸引学生的注意力,培养学生的坚持性;三是数字人教师的标准化程度高,能够保证课堂质量,解决师资不足的问题;四是数字人教师能够根据学生对教学内容的掌握情况及时调整教学进度,帮助学生更好地理解知识。

总之,数字人教师具有诸多优势,能够做到智能化、个性化教学。未来,数字人教师将会大量应用于教学实践,推动教育行业数字化、智慧化发展。

13.1.3 智慧的个性化教学成为现实

Web 3.0 时代的到来将驱动个性化教学成为现实。教师能够通过 AI、数据分析等技术对学生的学习情况进行科学分析,并对学生进行针对性的教学,从而实现学生学习质量和学习效率的提升。

例如,一家名为 XYZ 的教育科技公司利用 AI 技术研发了智能学习系统,能够为学生提供个性化的学习支持,减轻教师的教学压力,该智能学习系统主要有四个功能,如图 13-2 所示。

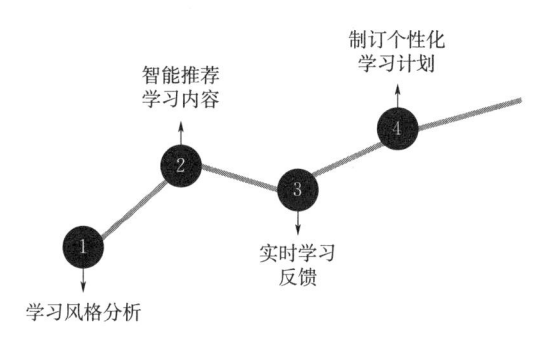

图 13-2 智能学习系统的四个功能

(1)学习风格分析。智能学习系统能够对学生的日常学习行为与表现进行分析,并分析学生的学习风格。例如,有些学生更喜欢逻辑计算,有些学生擅长协作,智能学习系统能够根据学生的学习风格帮学生制定合适的学习方式。

（2）智能推荐学习内容。智能学习系统能够借助 AI 技术分析学生的学习历史，为学生推荐适合的学习内容，满足学生的个性化学习需求。

（3）实时学习反馈。智能学习系统能够随时跟进学生的学习进度，记录学生的学习成绩，并及时进行反馈。如果学生在学习过程中遇到困难，系统能够及时帮助其解决。

（4）制订个性化学习计划。智能学习系统能够为学生制订个性化的学习计划，包括整体学习目标、每日学习任务和时间安排等，帮助学生合理规划学习。

因材施教，制定个性化课程方案已经成为当代教育教学的重要理念。只有针对学生的特点制定课程方案，才能达到更高效的学习效果。Web 3.0 为学生的个性化学习提供了有利环境和技术支撑。教师可以充分利用 Web 3.0 平台，如在线学习、网络课程、教材互动等平台，给学生提供更有针对性的学习指导，使学生获得个性化的学习体验。

教师可以充分考量学生自身的学习能力、学科特长等因素，针对不同学生的不同情况制订不同的学习计划，为学生提供更加系统、全面的学习路径和目标。教师可以借助 Web 3.0 生态中的智能学习系统，设计个性化的课程内容、学习进度和考核方式等。

13.2　Web 3.0 下的新型教育场景

Web 3.0 时代下，出现了许多新型教育场景，在课程教育方面，多种 Web 3.0 教学平台出现；在企业培训方面，实现了沉浸式技能学习。Web 3.0

借助多种技术,推动教育朝着智能化、多样化前行。

13.2.1　Web 3.0 变革课程教育:多样教学平台

Web 3.0 能够借助 AI 技术实现课程教育的变革。Web 3.0 技术渗透学校教学的方方面面,能够在多个环节辅助教师开展教学工作,包括备课、教学和作业批改。在 Web 3.0 的帮助下,教师的工作效率有了显著提高,可以将更多精力用于提升教学质量。

例如,好未来利用先进 AI 技术提出了"课堂质量守护解决方案",赋能教师培训、教师备课。

好未来是 AI 赋能在线教育的代表,积极借助 AI 技术进行教师培训。过去,教师往往需要独自在空无一人的教室反复说课,以提升教学质量,但这样的练习模式很难使教师明白自己的薄弱之处。而该系统能够对教师授课过程中的状态进行分析,从互动、举例、肢体动作等维度进行测评,帮助教师提升授课能力。

例如,该系统能够通过人体姿势识别系统识别教师讲课过程中的手势、动作。肢体动作丰富的教师会得到较高的评分,肢体僵硬的教师则会被提醒改进。口语指标则是检测教师的表达中是否有一些重复的词汇或者不必出现的词汇,帮助教师注意自身的表达。在 AI 的帮助下,教师的教学能力将得到提高。

在课堂上,AI 也能够进行实时监控,对学情进行分析。在线上课堂中,该系统会从师生问答、学生讲题、错题纠正、思维导图、课堂笔记、学生练习六个维度对课堂中师生的行为进行分析,并形成学习报告。例如,在师生问答环节,AI 会根据师生的问答情况,对问答质量进行评分,师生的对话内容越多、越深刻,问答评分越高。

AI 形成的学习报告可以帮助学生了解自己的学习情况、学习的薄弱点,还可以帮助教师优化教学策略,提高教学质量。

对于教师而言,作业批改也是一项重要的工作,作业批改的工作量大,而且需要保证时效性和效率。在学校,如果学生刚刚做完一套试卷,教师立即批改,那么可以很快讲评这套试卷。由于学生刚刚做完试卷,对试卷的题目记得很清楚,因此讲评效果最好。如果教师一个星期或半个月后批改、讲评试卷,那么学生很可能已经遗忘试卷中的题目,讲评效果会大打折扣。

作业批改是教师的日常工作之一,是教师检验学生知识吸收程度的重要手段。作业批改工作如此重要,教师如何高效地完成呢?这就需要 AI 技术的帮助。

OK 智慧学习作业平台搭载了 AI 技术,可以实现自动批改客观题目、自动统计分析数据,提高教师的作业批改效率。借助 OK 智慧学习作业平台批改作业,教师可以及时给予学生多样化的反馈。例如,教师可以用语音评讲学生的作业,使讲评作业的过程更生动、直观,效果更好;教师可以录制视频讲解试题,有针对性地指导学生,提高学生学习的积极性;教师还可以通过该平台了解学生的学习情况,实现分层教学与个性化辅导。

总之,Web 3.0 借助 AI 技术在多个方面赋能教师,提高教师的教学水平。未来,Web 3.0 作为重要的教学辅助手段,能够减轻教师的上课负担,实现高质量教学。

13.2.2　Web 3.0 变革企业培训:沉浸式技能学习

在变革企业培训方面,Web 3.0 起到了推动作用。在 Web 3.0 时代,企业能够利用多种技术对员工进行培训,有效提高员工的工作能力与专业技能。

例如,弘成教育以帮助企业搭建数智化培训体系为主要目的,在 AI 应用方面进行了探索。弘成教育主要将精力投入企业数字化学习、数字化转型和 AI 教学应用等方面,进行了数据埋点、数据采集等方面的创新,打造了许多优势服务模块,包括人机互动陪练模式、AI 学习项目智能运营等。弘成教育的多款产品能够更好地理解用户需求,为用户提供智能化的服务。

"智能陪练"是弘成教育推出的重点产品之一。智能陪练主要服务于企业,可以在线上模拟工作场景,由 AI 扮演特定角色,并结合语音识别、语音合成、自然语言处理等技术,实现人机互动,提升员工的能力。智能陪练能够帮助企业员工发现培训的乐趣,提升员工参与培训的主动性,在企业内部营造浓厚的学习氛围。弘成教育致力于解决企业的员工技能培训问题,目前已经与京东、三菱、宝马等企业建立了合作伙伴关系。未来,弘成教育将在技术与产品方面继续创新,利用 AI 技术为企业提供更优质的服务。

13.2.3　Web 3.0 变革教学工具:教学内容可视化

Web 3.0 时代的教育是怎样的?Web 3.0 的多种技术可以打破教学场景的虚实界限,实现教学内容可视化,为学生带来沉浸式体验。

例如,联想推出了一款能够连接虚拟和现实、带给用户沉浸式体验的未来黑板 HoloBoard。借助沉浸式投影、实时动作捕捉、增强现实渲染等先进技术,HoloBoard 可以实现教学场景中各种虚实结合的互动。

知名作家凯文·凯利在"数字孪生,镜像世界"的主题演讲中提到,镜像世界是一场大变革,现实中的一切都将在虚拟世界有一个复制品。镜像世界就像现实世界的一面镜子,而将这一技术应用在教育领域时,就成功开启了元宇宙教育的大门。

未来黑板 HoloBoard 借助镜像世界技术和全息技术,可以实现教师在虚拟空间的映射,同时结合沉浸式投影技术将其形象画面投射到 HoloBoard 未来黑板上。全息教师不仅外表酷似真人,还能够自然地实现面对面互动授课。例如,在天文学教学场景中,全息教师可以操作八大行星的三维模型，身处异地的学生可以进行实时交互，这样的授课模式打破了教学的地域限制，使更多地区的学生可以享受优质的教育资源。

未来黑板 HoloBoard 不仅带来全息教师，还可以将学生带入虚拟世界。在虚拟世界中，学生可以化身宇航员，在太空遨游。同时，全息教师和学生也可以在虚拟世界互动，真实感受周围的环境。

此外，未来黑板 HoloBoard 具有三维建模功能，学生可以借此建立一个立体的原子世界。学生用手按压屏幕，便会出现一个根据按压深度形成的 3D 原子模型；同时在三维建模的过程中，借助弹性触觉反馈技术，学生会获得真实的触感，体验也更加真实。

总之，借助多种先进技术，未来黑板 HoloBoard 能够让课本里的知识"动"起来，以立体的动态表达提高课堂的活力，激发学生的学习积极性和参与感。未来黑板 HoloBoard 重构了教育模式，让参与其中的师生获得了全新的体验，可以有效提高教学质量。

13.2.4 MageVR（虚拟现实图像）：助力语言学习

许多学习语言的学生面临没有语言学习场景、没有练习对象等问题，语言学习进展较慢、效果不佳，而这些问题在 Web 3.0 时代迎刃而解。

在 Web 3.0 时代，VR 技术能够打造一个虚拟世界，学生可以在虚拟世界沉浸式进行语言学习。例如，MageVR 平台借助 VR 技术，为用户提供了一个具有沉浸感、场景丰富的虚拟学习世界。平台拥有近千节主题丰富的课程，向广大英语学习者提供服务。

MageVR 平台能够提供沉浸式的学习体验，其构建的虚拟世界有许多拥有不同人物设定、性格的虚拟伙伴，他们会陪伴用户进行口语学习。例如，在虚拟的图书馆场景中，用户可以与其中的虚拟伙伴对话，询问怎样借书、怎样找到座位等。虚拟伙伴会自然地和用户沟通，为用户讲解知识、陪伴用户练习等。在沉浸式的沟通环境中,用户能够更加放松、更加自信,有利于用户更快、更好地提高口语能力。

除了提供沉浸式场景外,MageVR 平台还致力于课程研发,希望能够为用户提供优质的 VR 课程,其研发团队会聚了来自 VIPKID、好未来等知名企业的资深英语教师,结合新课标系列教材、新概念英语等经典教材进行内容研发,同时将内容与 MageVR 平台的虚拟场景、人物等结合,为用户呈现一个新奇的英语学习世界;此外,其自主研发的课程具有完整的产品架构和创新的 VR 互动模式,能够带给用户更好的互动体验。

进入 VR 教育市场后,MageVR 平台在短时间内得到了百度、华为、中国移动等企业的认可,这些企业与 MageVR 平台在内容、营销等多个层面进行合作,用户覆盖企业、院校和个人消费者。例如,MageVR 平台曾与大学、企业共同开展了《VR 技术对英语学习能效性的积极作用》的学术研究,其中,学习 VR 英语课程的学生在自信心、英语听说能力上都得到了明显提升。

MageVR 平台适配市场上许多主流 VR 设备,如 VIVE、Pico、爱奇艺奇遇 VR 等,为用户提供多样的英语学习和培训课程。未来,MageVR 平台将借助 Web 3.0 技术在内容研发、技术应用等方面持续发力,以推出更优质的学习内容,提供更优质的学习体验。

13.3　Web 3.0 助力智慧校园建设

在 Web 3.0 时代,多种技术的融合发展以及在校园中的应用,将推动智慧校园的搭建。许多企业也逐步摸索，利用多种技术全方面提升校园数字化服务能力。

13.3.1 多种技术支持，为智慧校园赋能

Web 3.0 时代，在多种技术的支持下，智慧校园已经逐步落地。智慧校园可以为学生带来许多便利，提高学生的安全保证，建设安全校园。

智慧校园指的是借助 AI、云计算、大数据等技术，实现校园工作、学习与生活智能化的校园环境。智慧校园系统由智能宿舍、智能食堂、智能人脸门禁、智能实验室、智能考勤、智能访客六大管理系统组成，这些管理系统借助 AI 人脸核验技术、访客管理功能和智慧校园安全管理体系，共同为校园安全筑牢屏障。

1. AI 人脸核验技术

AI 人脸核验技术借助人脸抓拍和人脸识别通道闸对学生的脸部进行核验，实现学生快速刷脸通行。同时，家长与教师还会收到学生的通行记录，及时掌握学生的动态。

智慧校园系统还会在学校门口、宿舍门口等重要通道部署人脸识别动态预警系统，为校园安全提供全方位的保障。

2. 访客管理功能

智慧校园具有访客管理功能，能够对访客进行严格管理。无论是家长探访学生，还是校外人员来访，都需要利用身份证进行身份验证，并进行注册，在获得权限后，才可以刷脸通行。

3. 智慧校区安全管理体系

智慧校区安全管理体系以人脸识别技术为基础，对校外人员进行实时监控，还能够将抓拍的人像转化为人脸标签数据。AI 摄像机能够识别人员聚集情况，当发生人员聚集或发现可疑人员时，系统会及时通知值班人员。

同时，系统还具有数据检索、查询等功能，能够对校园周围的人员进行追溯，致力于打造平安校园。

智慧校区安全管理体系还使用了 AI 智能视频分析技术，在此技术的支持下，安保人员可以实时查看学校围墙内外、学生宿舍、学生餐厅等地的情况，及时掌握校园环境变化。

在智慧校园方案的助力下，学校能够在节省安保人力的情况下，实现校园环境全监控，保障学生的安全。未来，随着 Web 3.0 的深入发展，AI、大数据等先进技术将会在更多方面赋能校园安全建设，让更多学校实现从平安校园到智慧校园的转变。

13.3.2 网易：以智能教育模型打造智慧教师

教育领域是网易发展的重要领域之一。在探索 Web 3.0 的过程中，网易以教育作为切入点，将 AI 技术应用于教育场景。

在教育领域，网易借助网易有道布局 AI 产业多年，在多个关键技术上取得了傲人的成绩，包括计算机视觉、智能语音 AI 技术等。网易有道词典为用户提供免费、优质的翻译服务。同时，网易有道还推出词典笔、AI 学习机等产品，为学生提供教育知识问答平台，并为学生答疑解惑。

网易有道还具有问答机器人功能，能够为用户提供个性化的信息服务。问答机器人能够对动漫、教育等垂直领域进行精准问答，满足用户的知识检索需求。

网易的探索并不止于此，网易有道的 AI 研发团队持续进行 AI 应用的研发，尝试将 AI 技术在更多教育场景落地。例如，网易研发了 AI 教育模型——"子曰"。"子曰"大模型是一个定位为"场景为先"的 AI 教育模型，能够作为基座模型完成许多任务，包括语义理解、知识表达等。

网易基于"子曰"AI 教育模型研发的 AI 智慧教师已经投入使用。AI

智慧教师可用于英语口语陪练场景中，打造个性化的一对一陪练角色。在口语训练场景中，AI智慧教师可以根据语言场景扮演不同角色，引导学生练习口语。

随着新一轮技术革命开启，积极拥抱新技术已经成为教育进一步发展的必然趋势。有实力的教育企业会凭借强大的自主研发能力，赋能教育行业，创造出更大的价值。

13.4　多样的 Web 3.0 教育实践

在 Web 3.0 技术的助力下，许多教育实践正在被推进，数字藏品走进了高校，数字创作平台不断出现，推动了教育行业的进步。

13.4.1　数字藏品走进高校，展示学校文化

数字藏品作为一种新型的文创形式，正从不同的角度渗入我们的生活。2023年，各大高校也纷纷发布了数字藏品，展现了别样的学校文化。

例如，在浙江大学 126 年校庆活动中，浙江大学发布了数字藏品。用户仅需关注公众号并转发推文，便可以免费获得"求是书院"的数字藏品，该活动吸引了许多用户参与，2 万份数字藏品在 64 小时内便被领取完毕，显示出超高人气，如图 13-3 所示。

再如，上海大学打造了录取通知书数字藏品——专属"未来星"魔方，将数字藏品向新生发放。收到录取通知书的学生仅需扫描二维码便可以进入数字魔方的世界，并获得数字藏品。

图 13-3　浙江大学数字藏品

在教育领域,数字藏品不仅可以作为文创产品,还可以发挥许多作用。例如,数字藏品可以用来记录学生的成绩、获奖经历等,成为一种永久性的记录。总之,数字藏品丰富了用户的生活,打造了多样的使用场景。随着科技的进步,数字藏品将会发挥更多作用。

13.4.2　MiracleNFT 奇迹世界:教育新体验

在 Web 3.0 的助力下,教育领域迎来了全新的发展。越来越多的企业开始探索新时代下教育行业发展的新机会。MiracleNFT 奇迹世界就是一个十分受关注的项目,其聚焦教育领域的创新,借助NFT、VR等技术,为用户提供沉浸式学习体验和技能培训的机会。

MiracleNFT奇迹世界能够借助VR、AR等技术,为用户提供身临其境的体验。用户可以进行文化探索、科学实践、艺术创作等,获得丰富的学习体验;同时这种沉浸式学习的方式也能够激发用户学习的兴趣和用户自身的创造能力。

MiracleNFT奇迹世界能够帮助用户进行技能培训。MiracleNFT奇迹世界为用户提供了丰富的培训资料,涉及编程、设计、营销等多方面,用户可以通过参加多样的培训项目提升自己的能力。在培训过程中,通过与专业导师的互动,用户能够获得专业指导,获得真实的实践经验,为自身的职业发展打下基础。

总之,MiracleNFT奇迹世界为用户创造了一个共同探索、共同学习的教育社区。在这个数字世界中,用户可以学习知识、分享知识、进行合作研究等,进行各种教育创新实践。未来,随着MiracleNFT奇迹世界的不断发展,其将推进开放、创新教育社区的打造,为用户提供Web 3.0教育新体验。